D1663444

Kingsley Amis

ANSTÄNDIG TRINKEN

Aus dem Englischen von
Joachim Bessing

Rogner & Bernhard

2. Auflage, Juli 2013
Copyright © 1970 und 1972
by Kingsley Amis und *Daily Telegraph*.
Die Originalausgabe erschien 1972 unter dem Titel *On Drink*
bei Jonathan Cape Ltd., London.

Für die deutsche Ausgabe
© 2008 by Rogner & Bernhard GmbH & Co. Verlags KG, Berlin
ISBN 978-3-95403-033-0
www.rogner-bernhard.de

Einbandgestaltung: Philippa Walz und Andreas Opiolka, Stuttgart
Herstellung: Leslie Driesener, Berlin
Druck und Bindung: CPI – Clausen & Bosse, Leck
Printed in Germany

Inhalt

Für Pat und George Gale

Einleitung

Die Anthropologen sind sich sicher: Wo auch immer man Menschen antreffen sollte, werden diese wohl auch sprechen können. Schimpansenfreunde weggehört: Kein anderes Lebewesen als der Mensch kriegt ein Gelächter so gut hin. Und jede menschliche Gesellschaft spricht dem Alkohol zu, heute noch genau wie zuvor; obwohl wahrscheinlich schon morgen in den Wäldern Papua-Neuguineas ein öffentlichkeitsscheues Völkchen von Abstinenzlern aufgespürt werden wird, das sich dann für die Zukunft als große Ausnahme feiern kann. Daß wir noch einige Vergnügungen kennen, an denen sich auch der große Rest der Schöpfung erfreut, will ich nicht bestreiten. Aber in diesem organischen Verbund von Gespräch, Heiterkeit und Angeheitertsein genießt auf der Erde allein der Mensch.

Daraus lassen sich einige Rückschlüsse ziehen. Zum Beispiel funktioniert dies fruchtbare Wechselspiel mit anderen Drogen nur vereinzelt. Ein Grund mehr, die Finger davon zu lassen. Apropos vereinzelt: Die – gesellschaftlich gesehen – vorteilhaften Auswirkungen des kollektiven Trinkens (im Vergleich zum kollektiven Drogenkonsum) überwiegen derart, daß eventuell danebengegangene Einzelschicksale zu vernachlässigen sind. Erst kürzlich stellte eine amerikanische Forschergruppe fest, daß sich die westlichen Gesellschaften ohne die stützende und zugleich entspannende Wirkung des Alkohols in etwa bei Ausbruch des Ersten Weltkrieges aufgelöst hätten. Es scheint nicht nur, daß der Mensch immer trinken wird; vielmehr wird, sollte das einmal ernsthaft in Erwägung gezogen werden, das Ende des Alkohols auch das unsere sein.

Gewiß, die Rolle des Alkohols in unseren Leben hat an Wichtigkeit zugenommen, seitdem es uns besser und besser geht und wir mit Vorliebe in den Städten zu Hause sind. Wein und Bier sind – zumindest waren sie das in ihren Herkunftsländern – die Getränke der Landbevölkerung, Gesöff der armen Schichten; Gin und Whisky sind den Städtern und anders Wohlhabenden vorbehalten. Mit anderen Worten heißt das: Wir trinken härtere Sachen, und davon auch mehr als jemals zuvor.

Üblicherweise werden die besonderen Anforderungen des urbanen Lebens, um zur Abwechslung mal eine Phrase zu dreschen, für den gestiegenen Alkoholkonsum verantwortlich gemacht. Ich möchte dem nicht komplett widersprechen, möchte aber eine spezielle Anforderung herausgreifen, die mir im städtischen Alltag als besonders belastend – und lästigerweise auch besonders verbreitet – erscheint: die plötzliche Konfrontation mit vollkommen oder nahezu völlig fremden Menschen unter Umständen, die Entspanntheit und Gelöstheit erfordern; Situationen, denen ich beispielsweise nie ohne eine gewisse Verspanntheit entgegensehen kann – obwohl ich sie dann im nachhinein besehen doch stets genossen habe. Als das Dorf noch Hort der Gemeinschaft war, tauchten Fremde dort fast nie auf. Und wenn, dann waren ein, zwei fremde Gesichter nichts gegenüber der vertrauten Masse aus Familienmitgliedern, Freunden und den anderen Dorfbewohnern, an deren Gesichter man sich schon zeit seines Lebens gewöhnen konnte. Heute, zu Zeiten des Geschäftsessens, der Dinnerparty, der Flurparty, die Wegenjedempupsparty nicht zu vergessen, lauert hinter jeder auch nur halbwegs vertrauten Ecke sogleich das nächste fremde Gesicht.

Daß ich, und die meisten, die ich kenne, dieses Aufeinandertreffen mit den Fremdlingen anscheinend trotz alledem genießen können, liegt schlicht und ergreifend am begleitenden Ausschank von Alkohol. Die Menschheit hat bis heute noch kein anderes Mittel parat, das derart schnell Unbehaglichkeit abbauen und das Eis brechen könnte und das auch nur einen Bruchteil so komfortabel und effizient ist wie die Taktik, gemeinsam in angenehmer Umgebung nicht mehr ganz nüchtern zu sein.

Gut, gut, so läßt der kritische Erforscher der Auswirkungen von Alkohol sein Veto beginnen, ganz bei sich in seiner Pose des grimmigen Griesgrams, die alle kritischen Erforscher des Alkohols sich rasch zu eigen machen; gut, gut, so heißt es nämlich, aber was ist mit alldem, was dann nur wenig später geschehen wird? Was ist mit all denen, die nicht nur trinken, um das Eis zu brechen, um Unbehaglichkeiten abzubauen, sondern um sich total zuzuschütten? Was ist mit Menschen, die um des Trinkens willen trinken?

Tja, was ist denn nun mit ihnen – ich weiß es nicht, ehrlich nicht. Ich habe keine originelle Idee, warum oder wozu Menschen dem Alkohol verfallen. Von zwanghaften Trinkern einmal abgesehen – die meisten von ihnen kommen so auf die Welt, sie werden nicht dazu gemacht –, fällt mir zu der Frage nach dem Ursprung unseres Hanges zum Alkohol nicht viel mehr ein als das Verdikt eines Dichters, der sagte, daß wir trinken, weil »wir nüchtern sind, oder es ist halt einfach schon lang her, und selbst aus andern Gründen fällt's nicht schwer«.

Wo und was und wie wir trinken, oder trinken sollten, sind weitaus interessantere Fragen. Wobei das Wo eine von persönlichen Vorlieben und landschaftlichen Möglichkeiten bestimmte Frage aufwirft, so daß ich sie am besten elegant umschiffe, nicht aber, ohne noch en passant die langersehnte Chance zu ergreifen, ein knappes, mies gelauntes Bäh in Richtung der Verantwortlichen für die Verschandelung der Pubs, jener tiefverwurzelten Zentren britischen Trinkens, zu husten.

Mit einigen wenigen Ausnahmen, die um so leuchtender hervorstechen – meiner, nur zum Beispiel, gehört dazu – sind Pubs im Grunde unmöglich geworden. Vor zwanzig oder fünfzehn Jahren muß es ein paar Gipsköpfen in den Brauereien aufgefallen sein, daß die Einrichtungen der meisten Pubs dringend eine Verjüngungskur brauchten. Woraufhin Millionenbeträge in Renovierungen gesteckt wurden. In manchen Fällen war das Ergebnis bewundernswert: annehmbare Sitzmöglichkeiten, verbesserte Hygiene, gekühlte Biere sowie die Einführung einer kleinen Speisekarte, die sich allgemein auf ein solches Niveau zubewegt hat, daß der Pub mittlerweile, im Falle plötzlich aufkommenden Hungers in ungewohnter Umgebung, in puncto prompte Bedienung sowie Preis-Leistungs-Verhältnis dem Italiener vorzuziehen ist.

Aber damit hat es sich auch schon. Die Einrichtung eines Pubs scheint sich heute ausschließlich an Werbespots zu orientieren. Samt all der Hochglanzscheußlichkeiten, die das eben mit sich bringt. Mit das Widerwärtigste sind sogenannte Themenlokale: der Veteranen-Pub, der Kreuzfahrer-Pub, der Biedermeier-Pub. Das Faßbier kommt nicht mehr aus einem Faß, sondern aus einer Zapfanlage: Das Gemisch aus Bier und Kohlensäure strömt aus charakterlosen Metallbehältern, die natürlich dann unter den Händen von nachlässigen oder gar faulen Wirten überall denselben lauen Saft ins Glas entlassen – zumindest bei den Erzeugnissen zweier stark beworbener Brauereien ist das der Fall. Das wäre ja alles noch mit Gleichmut zu ertragen, wenn es dazu nicht noch das Gedudel gäbe – oder dieses mit Buschgetrommel kombinierte Schmerzgeschrei, verharmlosend auch Pop genannt. Gegen Pop an sich habe ich übrigens nichts. Obwohl Pop zu den Kulturphänomenen zählt, derentwegen ich, im Einklang mit der Mehrzahl meiner Altersgenossen, überhaupt erst den Pub aufsuche – als Zuflucht. Aus nur wenig anders gearteten Gründen hätte ich ebensoviel gegen das Abspielen von Beethovens Neunter einzuwenden, während ich in Ruhe mit meinen Freunden ein paar Bierchen trinken will. Wenn man nämlich etwas hört, was man eigentlich nicht hören will, verbraucht man Energie und Geduld allein bei dem Versuch, das Ungewollte zu ignorieren; und wenn einem gefällt, was man hört, will man gefälligst ungestört genießen und weder reden noch angesprochen werden, also eigentlich nichts von dem tun, weswegen man ja ursprünglich in den Pub gekommen ist.

Ich bin immer davon ausgegangen, daß Pop und überhaupt Musik ihren Einzug in die Pubs hielten, weil die

Wirte sich dadurch eine Umkehr des fatalen Trends zur Überalterung ihrer Kundschaft – dramatisch in der Nachkriegszeit – versprachen. Wenn das wirklich der Fall gewesen sein sollte, dann haben sie aber etwas ganz Grundsätzliches mißverstanden. Pop schafft es nämlich nicht nur, die ältere Kundschaft zu vertreiben; es gelingt auch nicht, durch das Abspielen von Popmusik junge Leute anzulocken. Größtenteils werden sie eher abgeschreckt. Sogar diejenigen, die eigentlich Popfans sind. (So langsam frage ich mich, wie es um die Lockwirkung eines Schildes an der Tür eines Pubs bestellt wäre, auf dem einfach nur »Heute: Keine Musik« stünde. Ob das wohl mal jemand probieren wird?) Wie dem auch sei: Wer zahlt, schafft an; wir sollten auf ungestörtem Trinken bestehen.

Bis dieser schöne Tag anbricht, werden es die meisten von uns vorziehen, zu Hause oder bei Freunden zu trinken. Aber selbst hier – auch ich habe mehr als zwei Freunde, deren Zuhause für mich nicht unproblematisch ist – findet ein anspruchsvoller Trinker mühelos noch immer genug Widrigkeiten, die ihn vom idealen Trinken abhalten wollen. Hier sei vorrangig das sparsame Einschenken genannt. Diejenigen unter uns, die arm sind oder bloß geizig, können gar nicht anders. Aber wer weder unter Armut noch unter Geiz zu leiden hat, wer nämlich einfach nur nichts vom Trinken versteht, sollte den ersten meiner Unumstößlichen Grundsätze verinnerlichen:

UG (Unumstösslicher Grundsatz) **1:** *Droht Trockenheit (beispielsweise weil Ihnen der schöne Amselfelder ausgeht, den Sie sonst an Ihre Gäste ausschenken, weil der zypriotische Sherry alle ist, der Selbstgebrannte, was weiß ich), dann sei die Maxime für das weitere Ausschenken Quantität vor Qualität. Die meisten nehmen lieber zwei Gläser eines mittelprächtigen Portweins als nur eins vom seltenen Jahrgangswein. Deshalb soll man auch immer große Gläser verteilen – von wenigen Ausnahmen abgesehen, auf die ich gleich noch eingehen werde. Wahre Trinker werden es zu schätzen wissen und Sie als einen der ihren erkennen. Die Stümper werden es nicht mitbekommen, und Sie selbst werden erfreulich wenig Zeit mit dem Nachschenken verplempern – eine Zeitersparnis, die Sie voll und ganz in Form von zusätzlicher Aufmerksamkeit an ihre Gäste weitergeben können.*

Bevor ich nun in die Details gehe, möchte ich eines noch klarstellen: Zünftige Drinks servieren zu können hat wie alles seinen Preis; und ob man nun einen Drink, ein Gedicht oder ein Auto herstellen will, gilt: Es macht Arbeit und wird teuer. (Falls es Sie interessiert: Ein zünftiges Gedicht kommt den Dichter teuer zu stehen, weil er ein Vielfaches an Geld mit beinahe jeder anderen Arbeit verdienen könnte, wenn er seine Zeit für etwas anderes aufwenden würde als ausgerechnet fürs Dichten.) Auf den folgenden Seiten werde ich deshalb stets darauf hinweisen, wo und wie sich der Aufwand in Grenzen halten läßt und wie sich unauffällig an den Kosten für die Zutaten sparen läßt.

Es gehört zu den ewigen Wahrheiten der Zeitgeschichte, daß die jeweils stärksten, klügsten, schönsten und auch sonstwie überlegenen Völker alkoholische Substanzen zu sich zu nehmen pflegten. – George Saintsbury

Wenn ich tausend Söhne hätte, der erste menschliche Grundsatz, den ich ihnen lehren wollte, sollte sein, dünnem Getränk abzuschwören und sich dem Sekt zu ergeben. – William Shakespeare (Falstaff in: *König Heinrich IV.*, 2. Teil)

Nichts, aber auch gar nichts. beruhigt so schön wie Rum und abends Beten. – Lord Byron

Trinkerlektüre

Ein Kennzeichen des wahren Trinkers ist es, daß er alles übers Trinken liest, was ihm unter die Finger kommt. Seine Leselust umfaßt breit angelegte Sachbücher ebenso wie die kleinen Rezeptheftchen, die der Hersteller seinen Flaschen um den Hals hängt. Man sollte diese übrigens niemals vorschnell als Werbemüll verachten. Im Gegenteil: der Hersteller weiß natürlich mehr über seinen Stoff als jeder andere, und – egal, was ihn dazu angetrieben hat – er hat seine Tips selbst sorgfältig getestet. Des weiteren bieten sich die Preislisten der Großhändler zum erbaulichen Studium an.

Wenn Sie den Themenkomplex derart wachsam verfolgen, werden Sie bald schon über zahlreiche Tricks jenseits des allgemein Bekannten verfügen: Mir ist leider entfallen, wo genau ich es aufgeschnappt hatte, aber man erhält tatsächlich ein beträchtliches Mehr an Saft aus einer Zitrone, die man vor dem Auspressen für einige Minuten in eine Schale mit warmem Wasser legt – gemessen an einer regulären Zitrone aus dem Früchtekorb, von einer aus dem Kühlschrank ganz zu schweigen. Ich beherzige seitdem diesen Tip, wenn ich mir beispielsweise eine Bloody Mary mache. Und übe mich dabei in Geduld.

Andererseits strotzen diese Bücher vor Weisheiten, von denen sich die allerwenigsten als praktikabel erweisen werden. Ich denke hierbei an verlockende Phantasien, beispielsweise ein Rezept für den Punsch nach Art des Admiral Russel, wie ihn *The Art of Mixing Drinks* enthält. Darin wird der interessierte Trinker zunächst auf-

15

gefordert, sich mit vier Fässern Weinbrand in Hogshead-Kapazität einzudecken. Wobei Hogshead offenbar ein altertümlicher Euphemismus für ein Fassungsvermögen von 63 amerikanischen Gallonen ist: Diese Menge entspricht ungefähr 300 und ein paar der heute gebräuchlichen Flaschen. Dazu kommt, neben den üblichen Artikeln wie fünf Pfund geriebener Muskatnüsse, noch der Saft von 2500 Zitronen zum Einsatz – ob erwärmt oder zimmertemperiert, wird nicht näher ausgeführt. Meinen Berechnungen zufolge reicht die zubereitete Mischung (in die noch eine Riesenmenge Wein gerührt wird) locker aus, um 2000 Gäste eines verschärften Gelages zu bewirten. Oder aber um sich mit nur sechs Leuten für ein Jahr aus der Gesellschaft zurückzuziehen. Wer letzteres ausprobieren mag, sollte nicht vergessen, mir ab und zu einen Lagebericht zukommen zu lassen. Die fünf Begleiter sollte man sich überdies sorgfältig aussuchen.

Praktisch gesehen wird man viel Zeit verschwenden, wenn man ständig von Mischungen liest, für die Zutaten benötigt werden, die man sich erst noch besorgen muß – es sei denn, man berauscht sich nur an den Rezepten, an der Alkographie, einer blauen Schwester der Pornographie. Man mag der melodiösen Mixtur eines Grand Slam verfallen, wie sie im *The Diners' Club Drink Book* beschrieben wird, mit ihrem »Schlückchen Carioca-Rum«, was auch immer das sein soll, dem »halben Schlückchen Weinbrand und Curaçao«, dem Spritzer Kirschwasser und diesem ganzen Tinnef, aber – Barkeeper und fanatische Schnapssammler ausgeklammert – man sollte sich ausgehend von diesen Rezepten auf solche verlagern, die auf gängigen, vor allem vorrätigen Zutaten basieren. (Eine Methode, dieses Problem möglichst überschaubar zu halten, wird im Kapitel »Das wohlsortierte Schnapsregal« umrissen.)

Wie dem auch sei: Die meisten wahren Trinker möchten ein maßgebliches und umfangreiches Kompendium geistiger Getränke im Regal haben, und das vorliegende kleine Buch – beinahe überflüssig zu erwähnen, daß es einen geradezu ehrfurchtgebietend maßgeblichen Eindruck macht – ist, aus Gründen, die später noch erklärt werden, alles andere als umfangreich – jedenfalls was seinen Anteil an Rezepten betrifft. *The Fine Art of Mixing Drinks* von David Augustus Embury erhält in dieser Hinsicht volle Punktzahl und ist zudem in einem angenehm zu lesenden Plauderton verfaßt. Auch ist es – unvermeidlicherweise – ein amerikanisches Buch, das hierzulande etwas von seiner Nützlichkeit verliert. Auch wage ich zu behaupten, daß der Autor sich hier und da *irrt,* und dennoch kann ich sein Buch empfehlen. Aus der Menge der etwas kürzer abgefaßten Titel dieser Machart ist die *3 Bottle Bar* von H. i. – ja, mit kleinem i. Nein, ich weiß es leider auch nicht – Williams vorzuziehen. Beide Bücher sind auch als Taschenbuch erschienen.

Weder Embury noch Williams äußern sich großartig zu Weinen, wenn man von deren untergeordneter Rolle in heißen und kalten Punschgetränken absieht. Sie beschäftigen sich ausschließlich mit Cocktails und Schorlen, mit leichten und heftigeren Mixgetränken. Sowieso gibt es nur wenige Leute in dieser Branche, die sich mit Weinen auskennen oder diese überhaupt ernst nehmen.

Was übrigens umgekehrt für die Gemeinde der Weinfreunde zutrifft. Der Leser wird es bereits ahnen, aber ich halte ebenfalls nicht viel vom Wein, allerdings sehen einige meiner Freunde das anders, und daher habe ich sie für die folgenden Abschnitte um fachliche Beratung gebeten.

Der *Easy Guide to Wine,* der vom Wine Development Board gratis verteilt wird, sollte dem Anfänger gute Dienste leisten, wenn es darum geht, den ersten Wissensdurst zu stillen: Dutzende Seiten gefüllt mit sorgfältig aufbereiteten Informationen und Ratschlägen in all ihrer Nüchternheit. Für die erfahreneren oder auch neugierigeren Leser bietet die *Encyclopedia of Wine and Spirits* sowie aller anderen alkoholischen Getränke von Alexis Lichine ein seriöses, faktenreiches Nachschlagewerk, das sich überwiegend auf Weinwissen konzentriert: Es räumt der Domäne Gevrey-Chambertin, nur einer von dreißig Weinregionen im Burgund, mehr Platz ein als dem Gin. *Wines and Spirits of the World,* herausgegeben von Alec H. Gold, ist ähnlich umfangreich und vergleichbar weinlastig, kann aber mit einer Vielzahl hübscher Bildtafeln punkten. Eine wahre alkographische Schwelgerei, so schön, daß ich kurz mit meinem besseren Ich ringen mußte, bevor ich mich entschloß, ein Versäumnis zu erwähnen: In diesem Werk werden die Winzer im Staate New York mit keiner Silbe erwähnt – und das, wo doch ihr jährlicher Ausstoß an Flaschen an den der Zyprioten herankommt. Aber wenn man, wie ich, schon einmal einen Wein aus dem Staate New York kosten durfte, erscheint dieses Totschweigen der dortigen Produktion wiederum verständlich. Der letzte Kandidat, *The Penguin Book of Wines* von Allan Sichel, ist ein vorbildlicher und preiswerter Führer, der jede Menge Namen enthält: schlicht, profund (300 Seiten) und handlich.

Von keinem dieser Bücher, wie überhaupt von keinem Buch zum Thema, sollte man sich zuviel erhoffen – zum Experten wird man nicht allein durch die Theorie. Zwar kann man alles verinnerlichen, was Lichine über Gevrey-Chambertin weiß – aber dann weiß man immer noch nicht, wie dieser Wein schmeckt. Das theoretische Studium der Getränke muß durch gewissenhaftes Trinken ergänzt werden, und zwar so viel, wie Leber und Geld-börse zuzumuten ist.

Noch ein letzter Rat: Man braucht keinerlei Vorwissen, um eine Menge aus Vernon Heatons *Cocktail Party Secrets* zu lernen. Allein den Titel fand ich ungemein phantasie-anregend, vor meinem inneren Auge erschienen Martinis auf Spiritusbasis und Whisky Sours mit LSD. Dann be-törte mich die Eingangsthese und beantwortete nebenbei auch noch eine der schwierigsten Fragen, nämlich »Wa-rum eine Cocktailparty?« – eine Frage, die Heaton selbst-bewußt als Überschrift für sein erstes Kapitel benutzt:

Weil jeder gelegentlich
    (a) Lust hat,
    (b) denkt, Sie [*sic*] sollten doch mal überhaupt
    (c) einen Anlaß finden [*sic*], der es rechtfertigen könnte, daß Sie [*sic*] mal wieder Ihre [*sic*] Freunde zu sich [*sic*] nach Hause einladen sollten [*sic*].

Der Autor schlägt im folgenden dann konkret Gründe vor, die seine Leser zur Veranstaltung einer Cocktailparty verleiten sollen. Beispielsweise, daß sie gerne feiern ... oder daß noch eine Revanche aussteht, man ja erst kürzlich bei anderen zu Hause eingeladen war ... Im selben grundsätzlichen Ton versichert der Autor, daß es möglich ist, sowohl große als auch kleine Partys zu feiern; daß eine Party zwar einiger Vorbereitung bedarf, aber beispielsweise die Aufstellung der Flaschen und anderer Gerätschaften schon lange im voraus erfolgen kann; daß man sich gründlich überlegen sollte, (a) wen man *gerne* einladen möchte, (b) von wem man *denkt*, daß er kommen *sollte*, (c) wem man sich *irgendwie verpflichtet* fühlt, (d) wer aus *politischen Erwägungen* eingeladen werden sollte; daß man sich Gedanken machen sollte, wo die Mäntel der Gäste gelagert werden können; und vieles, ach, so vieles mehr. Abschließend nur so viel: Wenn das die Geheimnisse einer gelungenen Cocktailparty sind, worin besteht dann das allgemein zugängliche Wissen zu diesem Thema?

Gelegentlich muß ich mir unbedingt auch noch die anderen Bücher dieses Mannes besorgen: *Wedding Etiquette Properly Explained* und *The Best Man's Duties*. Eigentlich kenne ich sie aber schon: »Paare heiraten gelegentlich, weil (a) *beide* darauf *Lust* haben, (b) beide denken, *man sollte* doch mal überhaupt, (c) jemand sie mit vorgehaltener *Schrotflinte* dazu zwingt ...«

Man nehme 38 Liter schottisches Ale (ersatzweise ober-
gäriges Starkbier) und einen schlachtfrischen Hahn,
der um so geeigneter ist, je älter das Tier wurde. Den
Hahn überbrühen, rupfen und in einem standfesten Mör-
ser zerstampfen, bis seine Knochen zerkleinert sind (es
empfiehlt sich, den Hahn vor dem Rupfen auszunehmen).
Dann den Hahn in knappen zwei Litern lieblichen Weiß-
weins einlegen, die Marinade zusätzlich mit drei Pfund
Rosinen, einigen Muskatblüten und Nelkennägeln wür-
zen. Den eingelegten Hahn darauf in einen Leinensack
stecken und diesen in ein bereitstehendes Faß mit dem
Bier hängen. Nach einer Woche, spätestens jedoch nach
neun Tagen, auf Flaschen ziehen; die Flaschen hierbei
bis zum Rand befüllen. Den Trunk genausolange in den
Flaschen gären lassen, wie man dies auch bei gewöhnli-
chem Starkbier tut. – Ein altes Rezept aus *Art and Technique of Wine* von F. C. Lloyd.

EIN MÜFFELNDES FASS WIRD
SO GUT WIE NEU

Man nehme eine Ladung stallwarmen Dung von einer
Milchkuh und schlage diesen mit einer gehörigen Menge
warmen Wassers auf, um eine dünne Paste zu erhalten,
die gerade flüssig genug ist, um einen Trichter passieren
zu können. Zuvor hat man noch ein Kilo Meersalz und ein
halbes Kilo Pottasche in der Dung-Wasser-Mischung auf-

gelöst. Die Masse in einem Kessel über lebhafter Flamme kräftig rühren. Kurz vor dem Siedepunkt vom Feuer nehmen und in das müffelnde Faß gießen. Das Faß dicht verschließen, mehrfach stürzen und dann zwei Stunden ruhen lassen. Hierauf noch einmal tüchtig stürzen oder umherrollen. Nach weiteren zwei Stunden kann das Faß mit kaltem Wasser ausgespült werden. – Diese Beschreibung wird in F. C. Lloyds *Art and Technique of Wine* zitiert.

Echte Drinks

Ich gebe hier lediglich einen Überblick. Eine komplette Abhandlung über alle bislang bekannten Drinks vom Absinth bis zum Cocktail namens Zoom (Weinbrand, Honig und Sahne – für mich gerade nicht, trotzdem danke) würde sterbenslangweilig – sowohl für den Leser als auch für den, der sie schreiben müßte. Der Wille zur Vollständigkeit brächte außerdem und automatisch eine Wiederholung des sattsam Bekannten mit sich. Es wäre ziemlich schäbig, auch noch Geld zu verlangen für ein Buch, in dem unter anderem erklärt wird, daß beispielsweise ein Gin Tonic aus Gin und Tonic, einem Zitronenschnitz plus Eiswürfeln gemacht wird. Egal, dieser Schlenker gestattet mir nun wenigstens, darauf hinzuweisen, daß dieser zweifelsohne ausgezeichnete und ausgezeichnet erfrischende Drink noch durstlöschender wirkt, wenn man zusätzlich zum besagten Zitronenschnitz noch einen ordentlichen Spritzer frischen Zitronensaft beigibt. Daher der Vorschlag:

UG 2: *Jeder Drink, der traditionell mit einem Stück eines Gemüses oder einer Frucht garniert wird, kann durch die Zugabe von etwas frischem Saft dieses Gemüses / dieser Frucht noch verbessert werden.*

Im Folgenden widme ich mich ausschließlich denjenigen Rezepten, zu denen ich etwas aus meiner persönlichen Erfahrung beisteuern kann. Sei es ein bescheidener Tip, wie der mit den Säften, ein Angriff auf eingeschliffene Ge-

wohnheiten oder aber eine komplett neuartige Rezeptur –
falls es so etwas überhaupt geben kann auf einem derart
intensiv bewirtschafteten Feld. Ich gebe damit nichts Ge-
ringeres als die Früchte von Dutzenden Jahren konzentrierter Forschung weiter; zwar habe ich noch sehr viel
früher angefangen zu trinken, mußte mir aber zunächst
einen gewissen Wohlstand erarbeiten, um mir den sprich-
wörtlichen Fingerhut voller Weinbrand leisten zu können, der durch ein danebengegangenes Experiment auch
mal eben ungenießbar wird. Die Unterkapitel teile ich in
Gestauchte, Longdrinks und Heißgetränke, was etwas
wirr erscheinen mag, sich aber, da es keine heißen Longdrinks gibt, auch als praktisch erweisen wird.

Gestauchte

Wenn es stimmt, was Philip Larkin vor gar nicht so langer Zeit über die Ära des Jazz (nicht zu verwechseln mit
dem Jazz Age) festgestellt hat, nämlich daß diese ungefähr von 1925 bis 1945 dauerte, gilt ähnliches auch für
die Ära der Cocktails, nur daß diese vielleicht etwas früher einsetzte und sich auch etwas zähflüssiger beim Aus-
tröpfeln verhielt. Zeitgeschichtlich bedingt waren beide
jedoch von Anfang an miteinander verwandt. Während
der Ära der Prohibition in den Vereinigten Staaten nahm
der Besucher der illegalen Speakeasys durchgängig min-
derwertigen Schnaps zu sich, der häufig mit irgendwel-
chen Zusätzen vermischt wurde, die das Zeug irgendwie
trinkbar machen sollten, während auf der Bühne viel-

leicht die New Orleans Rhythm Kings oder die Original Memphis Five so ziemlich alles anstellten, um die Sinne des Speakeasy-Zechers noch tiefer gehend zu betäuben; alles bloß, damit er nur vergaß, was er da gerade trank. Für den Niedergang des Jazz sind aber andere Gründe zu suchen als für das Aussterben der Cocktailkultur. Dieses wurde vermutlich durch die Abschaffung der Dienstboten in den Haushalten der Mittelschicht ausgelöst. Da für jede einzelne Runde jeder Cocktail frisch und einzeln zubereitet werden muß, braucht man entweder einen eigens hierfür angestellten Barmann, oder aber man muß als Gastgeber andauernd die Plauderei unterbrechen, um am Shaker zu fronen. Ungemischte Drinks sind rascher zubereitet und eignen sich – so wird es mittlerweile ja beinahe ausschließlich gehandhabt – zur Selbstbedienung.

Der Martinicocktail und seine Derivate sind allerdings nach wie vor beliebt. Glücklicherweise läßt sich von diesem Cocktail eine größere Menge auf Vorrat anmischen und im Kühlschrank lagern. Allerdings hat diese Methode der Martinizubereitung ihre Tücken. Der größte Teil der haushaltsüblichen Kühlschränke wird nämlich nicht kalt genug, um den Cocktail im Krug so herabzukühlen, daß er außerhalb des Kühlschranks länger als eine halbe Stunde die richtige Temperatur behält. Und das haushaltsübliche Gefrierfach ist häufig nicht geräumig genug, um einen ordentlichen Krug aufnehmen zu können. (Natürlich kann man so weit gehen, die Drinks einzeln in Teetassen zu füllen, die man im Eisfach aufeinanderstapelt, aber das dauert dann im Endeffekt genauso lange, als wenn man das Zeug frisch anrührt.)

25

Eine Gefriertruhe erscheint da hilfreich, aber nochmals: Man muß dann den Krug nach jeder Runde zurück in die Truhe stellen, was für Sie als Gastgeber eine ziemliche Lauferei bedeutet. Kenner werden wiederum zu bemängeln haben, daß sich die Blume eines Martinicocktails ohnehin verflüchtigt, sobald er den Shaker in Richtung Glas verlassen hat. Das mag purer Subjektivismus sein, aber Subjektivismus ist beim Trinken von sehr hoher Bedeutung. Nein, es tut mir leid, aber die einzige Methode, die es gibt, Ihren Gästen erstklassige Martinis anbieten zu können, besteht darin, Ihre Gäste in eine erstklassige Cocktailbar einzuladen. Soll das Ganze unbedingt bei Ihnen zu Hause stattfinden, müssen Sie eben die Zähne zusammenbeißen und die folgenden Anweisungen genau befolgen:

Martini Cocktail

12 bis 15 Anteile Gin / 1 Anteil trockener Wermut /
Zitronenschale oder Silberzwiebeln / Eiswürfel

Suchen Sie ein paar Stunden vor dem Beginn der Party Ihre Gläser zusammen. Sie sollten eher klein sein als überdimensioniert. Die zweite Hälfte eines zu großen Martinis wird in den Händen eines unerfahrenen Trinkers rasch zu warm – aus diesem Grund sollten Ihre Gläser auch Griffe oder Stiele aufweisen, um die Handwärme vom Flüssigkeitsbehältnis fernzuhalten (siehe »Glas Nr. 2« in der Liste auf Seite 58). Jedes Glas mit Wasser befüllen und in den Kühlschrank damit.

Eine gute Viertelstunde bevor die Gäste eintreffen, strengen Sie sich zumindest an, so gut es geht, um die Zitronenschale mit dem Messer in möglichst dünne Streifen zu schneiden. Befüllen Sie den Krug – ich sagte: füllen – mit Eis. Gießen Sie den Gin und den Wermut für die erste Runde Martinis dazu. Faustregel: eine Flasche Gin auf zehn Gäste. (Die richtige Menge Wermut werden Sie bald schon frei nach Gefühl hinterherkippen können.) Den Inhalt nun eine Minute lang lebhaft umrühren. Zwei, maximal drei Minuten rasten lassen. Diese Ruhezeit widerspricht jeglicher Lehrmeinung, die Buchautoren wenden mit Recht ein, daß nun bereits das Eis zu schmelzen beginnt und die Mixtur verwässert wird. Das stimmt auch. Aber ebenso werden die Drinks auf diese Weise deutlich kühler serviert. Was mich wiederum veranlaßt anzumerken:

UG 3: *Ein kalter Drink soll so kalt wie nur möglich serviert werden. Ob er dadurch etwas verwässert wird, ist sekundär.*

Während der Ruhezeit die Gläser aus dem Kühlschrank nehmen und das Wasser ausschütten. In jedes Glas ein Scheibchen Zitronenschale legen. Wer es sich zutraut, kann das Schalenstückchen zuvor noch über die Öffnung des Glases gehalten zusammenknicken, um die in der Schale festsitzenden ätherischen Öle der Zitrone hervorstäuben zu lassen. Dabei gibt es allerdings einen Trick, den ich bis heute nicht begriffen habe. Nicht allein aus diesem Grund nehme ich meinen Martini mit Silberzwiebel.

Jetzt noch einmal umrühren, dann ausschenken. Falls noch etwas von der Mischung im Krug übriggeblieben sein sollte, haben Sie hiermit meine Erlaubnis, den Rest als Basis für die nächste Runde in den Kühlschrank zu stellen – vorausgesetzt, Sie klauben zuvor noch jedes Eis-stück heraus.

Anmerkungen (i) Verwenden Sie die gelbliche Sorte Dry Gin von Booth's. Der klare bleibt den Longdrinks vorbehalten – mit Tonic Water, Bitter Lemon et cetera.

(ii) Verwenden Sie den trockenen Wermut von Martini. Noilly Prat trübt die Mischung ein, läßt den Drink dadurch weniger pur erscheinen, als er in Wahrheit ist, und ist überdies zu stark parfümiert. (Allerdings ist es der einzige Wermut, der auch pur schmeckt.)

(iii) Im Hinterkopf den UG 3: Halten Sie stets Eiswürfel griff-bereit, um die halb ausgetrunkenen Martinis der Transusen und Banausen aufzufrischen, die Sie bei den nächsten Runden nicht mehr berücksichtigen werden.

(iv) Kenner werden sich darauf hinzuweisen verpflichtet füh-len, daß ich mitnichten das Rezept für einen Dry Martini beschrie-ben habe, sondern für sein noch weitaus trockeneres Derivat, den sogenannten Gibson, der tatsächlich mit einer Silberzwie-bel garniert wird anstelle von Zitronenschale, mit der wiederum der wahre Martini und so fort. Nun ja. Zugegeben, aber dennoch wird es nur wenige Leute geben, die mein Rezept ausprobiert ha-ben und dennoch zu den traditionellen Mischungsverhältnissen 4:1 beziehungsweise 3:1 zurückkehren wollen. Meine Mischung läßt nämlich das Aroma des Wermuts scheinbar komplett ver-schwinden – und trotzdem schmeckt sie nicht wie purer Gin. Und außerdem ist sie stärker.

The Lucky Jim

12 bis 15 Anteile Wodka / 1 Anteil trockener Wermut /

2 Anteile Gurkensaft / Gurkenscheiben / Eiswürfel

Für diese Abwandlung des Gibson halten Sie sich an das Schema für die Zubereitung der Martinimischung. Den Gurkensaft können Sie verhältnismäßig einfach selbst herstellen: Schneiden Sie die Gurke in zirka zitronengroße Happen, die Sie dann von beiden Seiten auf einer Zitronenpresse auspressen. Den Saft, den man auf diese Weise erhält, muß man allerdings noch durchsieben. Am besten gleich in Ihren bereits mit Eis und Wodka befüllten Krug. Die Mischung noch etwas intensiver durchrühren als das Martini-Gin-Gemisch und servieren. Behandeln Sie das Getränk mit Respekt: Der Lucky Jim ist zwar kein besonders starker, dafür aber ein besonders milder und wohlschmeckender Drink. Die Flüssigkeit sieht, im Glase betrachtet, ungewöhnlich aus, beinahe mysteriös: schwach getönt, schwach getrübt, der sagenhafte Grünwein der chinesischen Kaiser scheint zu neuem, kräftigem Leben erstanden. Damit das Ganze perfekt aussieht, sollten Sie die Gurkenscheibe, die auf der Oberfläche eines jeden Lucky Jims treiben soll, ungeschält belassen.

Anmerkungen (i) Verwenden Sie einheimischen Wodka. Den billigsten, den Sie finden können, da:

UG4: *Soll ein Schnaps mit Frucht- oder Gemüsesäften, mit Sirup oder anderen Süßstoffen gemischt werden, greifen Sie zu einer billigen, aber trotzdem soliden Marke. Verschwenden Sie Ihren polnischen oder russischen Wodka nicht an Drinks solcher Machart.*

(ii) Die literarische Figur, nach der ich diesen Drink benannt habe, würde wahrscheinlich ein Schweppesgesicht ziehen, falls man ihm einen Lucky Jim anböte, wäre aber umstandslos bereit zu würdigen, daß dieser Drink durch seine angenehme Milde ein idealer Liebestrank sein könnte, ausgezeichnet dazu geeignet, schüchterne junge Damen aufzutauen – falls es so etwas überhaupt noch gibt.

The Copenhagen

4 bis 5 Anteile Wodka / 1 Anteil Aquavit /
geschälte Mandeln / Eiswürfel

Zubereitung wie gehabt, dann aber vor dem Servieren in jedes Glas eine Mandel einlegen. Das allgemeine Rätseln über den Sinn und Zweck dieser Mandel (ich glaube, es handelt sich um einen skandinavischen Glücksbringer) wird Ihre Gäste in Plauderlaune bringen, das Einsetzen der alkoholischen Wirkung schraubt diese dann nur noch weiter empor. Aquavit, auch Akvavit oder Akevitt genannt, enthält 40 Prozent Alkohol, ein starker Schnaps also, der bei diesem Rezept die Mischung dominiert.

Die folgenden Drinks eignen sich nicht für die Herstellung großer Mengen im vorhinein. Sie werden glasweise zubereitet.

The Pink Gin

Gewiß, es ist bloß Gin und dazu noch sechs Tropfen – keinen einzigen mehr – Angostura-Bitter und etwas Eis. Aber achten Sie darauf, daß es Gin der Marke Booth's (würde ich empfehlen) oder Plymouth (den empfehlen zumeist die anderen) ist, und geben Sie, als Katalysator ge-

wissermaßen, einen Schluck Perrier oder Apollinaris –
wenn Sie sich das leisten können; normalen Sprudel, falls
nicht – hinzu. Nur im Notfall Leitungswasser. Denn es gilt

UG 5: *Der Alkohol in sprudelnden Getränken geht schneller ins Blut. Von daher läßt sich, zumindest teilweise, die Be-
liebtheit des Champagnertrinkens auf Hochzeiten und anderen Festlichkeiten erklären.*

Jeweils eine Silberzwiebel in die Drinks einlegen sowie
– gemäß UG 2 – etwas von der süßsäuerlichen Flüssigkeit aus dem Silberzwiebelglas. Der Pink Gin ist etwas in
Vergessenheit geraten, wäre aber eine Wiederbelebung
wert. Man könnte ihn mit etwas mehr Sprudel auch in einen Longdrink verwandeln. Lieber nicht.

The Gin (oder **Wodka**) **and Orange** oder **Peach Bitters**

2 Anteile Gin (oder Wodka) /
1 Anteil Orangen- oder Pfirsichbitter / Eiswürfel

Dieses Rezept erwähne ich nicht, weil ich es erfunden
habe, sondern weil Pfirsich- und Orangenbitter weitge-
hend unbekannt zu sein scheinen. Es ist heutzutage nicht
gerade leicht, diese aufzutreiben, aber der Fachhänd-
ler Ihres Vertrauens sollte sie Ihnen zumindest bestellen
können. Es handelt sich dabei um mildere Bitterliköre,
also eher dem Campari ähnlich als dem Angostura. Im
Zusammenspiel mit Gin (oder Wodka) ergeben sich reiz-
volle Alternativen zu den bereits erwähnten Drinks mit
Gin (oder Wodka).

31

The Salty Dog

1 Anteil Gin / 2 Anteile frisch gepreßter Grapefruitsaft /
Salz / Eiswürfel

Von zwei Untertassen wird die eine mit etwas Leitungswasser, die andere mit Salz befüllt. Feuchten Sie die Rän-
der Ihrer Gläser zunächst an und drehen Sie sie dann im
Salz, so daß daraufhin ein dicker Überzug von etwa einem halben Zentimeter Breite an den Glasrändern haf-
tenbleibt. Die Gin-Saft-Mischung behutsam einfüllen,
umrühren, Eiswürfel einlegen, umrühren und über den
Salzrand schlürfen. Entweder lieben oder nie wieder.

The MacCossack

Grünen Ingwerwein und Wodka zu gleichen Teilen über
Eiswürfel gießen. Schmeckt sehr gut, wenn man Ingwer-
weine mag (und Wodka). So wie ich.

The Kingers

2 Anteile Montilla / 1 Anteil frisch gepreßter Orangensaft /
1 knapper Schlenker Angostura / Eiswürfel

Montilla heißt ein schwach destillierter Wein aus Spanien,
der dem Sherry ähnlich ist (was schon in einigen schwa-
chen Montilla-Jahren den nur wenige Kilometer entfernt
anbauenden Sherry-Winzern dieser Gegend zugute kam),
aber kerniger schmeckt. Gekühlt läßt er sich sogar pur
trinken. Der Kingers gehört übrigens zu den Cobblern[*] –
falls Sie nun glauben, daß er einem die Schuhe auszieht,

---

[*] Ein sommerliches Erfrischungsgetränk, das vornehmlich in
Weißweingläsern serviert wird (A. d. Ü.).

irren Sie sich. Für einen Cobbler schüttet man einfach alle Zutaten nacheinander in ein Glas, rührt mitsamt den Eiswürfeln um, nimmt diese allerdings vor dem Servieren heraus.

The Dizzy Lizzy

1 dl Chambéry / 1 Teelöffel Framboise / 1 Teelöffel Cognac /
1 knapper Schlenker Angostura / Eiswürfel

Chambéry heißt ein ausgezeichneter Wermut aus Frankreich, Framboise ist ein edler Himbeerlikör. Beide lassen sich auch vorzüglich pur trinken, der Himbeerlikör allerdings mit Vorsicht. Mit dem Eis mischen, dann das Eis entfernen und servieren. Benannt übrigens – und das ist *überhaupt nicht* vermessen – nach seinem Erfinder, meiner Frau.

Queen Victoria's Tipple

ein halbes Whiskyglas Rotwein / Scotch

Colm Brogan, der Schotte, verbürgt sich für die Information, daß die ehrwürdige Königin »eine entschiedene Gegnerin des Abstinenzlertums war, die es zumindest einmal sogar fertigbrachte, einem Priester die Dekanswürde zu versprechen für den Fall, daß er unverzüglich seine häretischen Abstinenzleransichten aufzugeben sich willens zeigte«. Aus gleicher Quelle habe ich erfahren, daß dies ihr allabendliches Tischgetränk war, »ein Gebräu, das William Gladstone zum Erröten bringt« – ich kann's mir lebhaft vorstellen.

Im Original kommt Bordeaux zum Einsatz, aber jeder halbwegs trinkbare Rote ist für den Tipple gut genug.

Über die Menge des Scotch entscheidet der persönliche Geschmack, ich rate Ihnen jedoch, ein gutes Stück unterhalb des Glasrandes innezuhalten. Ein einmaliger Genuß!

Wahre Untertanen werden sich zudem den schottischen Leibdiener Ihrer Majestät, John Brown – Intimus der Königin und möglicherweise mehr – vor Augen führen wollen, dessen Hand den Whisky einschenkt; und ich selbst, wenn ich mich recht konzentriere, höre ihn dabei sogar murmeln: »Kommense, verjährte Mas'thäht: wassoll der Geiz – wir ham doch Whisky bis an de Tür.« Oder ähnliches Gelall.

The Old-Fashioned

Theoretisch müßte sich davon zwar eine große Menge vorab anrühren lassen, aber mir ist es nie gelungen. Also pro Glas:

1 ausgiebiger Schlenker Bourbon Whiskey (ungefähr 1 dl) /
1 gestrichener Teelöffel Kristallzucker / etwas heißes Wasser,
gerade genug, um den Zucker vollständig aufzulösen /
3 Spritzer Angostura / 1 kräftige Ladung frischer Orangensaft /
1 Teelöffel Saft aus dem Maraschinokirschen-Glas /
1 Orangenscheibe / 1 Maraschinokirsche / 3 Eiswürfel

Der Old-Fashioned läßt sich nicht nur weitaus weniger kompliziert und anstrengend zubereiten, als es zunächst scheinen mag, vor allem ist er auch der einzige Cocktail, der es mit dem Martini und seinen Derivaten aufnehmen kann. Der aufgelöste Zucker kommt zuerst ins Glas, darauf folgen Bitter, die Säfte und Whiskey. Alles kräftig umrühren. Die Eiswürfel zugeben und nochmals rühren.

Zuletzt die Orangenscheibe unter die Eiswürfel bugsieren, alles mit der Kirsche krönen und servieren. Zu manchen Anlässen bietet sich der zusätzliche Aufwand mit den Strohhalmen an.

Anmerkung Keinen anderen Whiskey als Bourbon verwenden. Ein Rye-Old-Fashioned geht einigermaßen; die irische Version ist noch eben trinkbar; mit Scotch aber läßt man es lieber sein.

The (Whiskey) Manhattan

4 Anteile Bourbon Whiskey / 1 Anteil roter italienischer Wermut /
1 Schuß oder so aus dem Angosturafläschchen /
1 Maraschinokirsche / Eiswürfel

Wie üblich werden alle Flüssigkeiten miteinander verquirlt, bevor Eis und Obst hinzugegeben werden. Egal, was die Trinkerspießer daran zu meckern haben werden, ich bezeichne den Whiskey Manhattan als den Old-Fashioned für den müden Mann. Und es ist dazu noch ein hervorragender Drink, der aber, meiner Ansicht nach, trotzdem nicht an einen ordentlich zubereiteten Old-Fashioned heranreichen kann. Aber nochmals – wie schon zuvor erwähnt oder sogar noch zwingender –, es ist hierfür Bourbon vonnöten.

The Iberian

1 Anteil Bittall / 1 Anteil sehr trockener Sherry /
1 Orangenscheibe / Eiswürfel

Sicher ahnen Sie bereits, wie er zubereitet wird. Bittall heißt ein portugiesischer Aperitifwein, ein dünner Portwein im Grunde, der mit Orangenschale aromatisiert wurde. Ich selbst finde ihn gut gekühlt ausgesprochen köstlich, als Aperitif wird er aber auch oft für zu süß befunden. Diese Schwierigkeit beheben wir durch die Beigabe des sehr trockenen Sherrys. (Der Bittall findet auch im Kapitel »Heißgetränke« Verwendung.) Er ist selten im Handel zu finden, aber der Weinhändler kann ihn bestellen.

Falls Sie auf die Idee kommen sollten, Ihren Gästen einen Ankurbler in Form eines zusätzlichen Anteils Wodka unterzujubeln, ist das Ihre Privatangelegenheit.

The Normandy

1 ausgiebiger Schlenker Calvados / 1 gutes Gläschen Cidre /
1 Spritzer Angostura / 1 gestrichener Teelöffel Kristallzucker /
etwas heißes Wasser, gerade genug, um den Zucker
vollständig auflösen zu können /
1 Apfelscheibe / Eiswürfel

Den aufgelösten Zucker, den Angostura und den Calvados in einem Glas miteinander verquirlen. Eiswürfel hinzufügen und nochmals heftig rühren. Das Eis entfernen, mit gekühltem Cidre aufgießen, die Apfelscheibe einsinken lassen und servieren.

Anmerkung Den Kennern wird es nicht entgangen sein, daß es sich bei diesem gestreckten Gestauchten um eine Übertragung des ultraklassischen, auf Weinbrand und Champagner beruhenden Champagner-Cocktail-Themas von der Traube hin zum Apfel handelt. Sie hätten aber auch einfach vermuten können, daß der Normandy hier vor allem aus Kostengründen dem Champagner-Cocktail vorgezogen wird: Calvados kostet nur unwesentlich weniger als ein Drei-Sterne-Cognac, Cidre aber kostet noch nicht einmal ein Viertel des Betrags, der noch für den billigsten Champagner aufgerufen wird. Dieser Cocktail ist derart süffig, daß man nur allzuleicht die Beherrschung verliert; ich hatte auch schon mal Gäste, die mit dem Gesicht in der Suppe lagen, weil ich das Zeug als Aperitif serviert hatte.

The Tigne Rose

1 Schluck Gin / 1 Schluck Whisky / 1 Schluck Rum /
1 Schluck Wodka / 1 Schluck Weinbrand

Selbst wenn Sie, was ich Ihnen dringend raten will, aus Schlucken Schlückchen machen, wird daraus auch kein Gestauchter mehr. Sein Name spielt übrigens auf die Tigne-Kasernen auf Malta an, wo man ihn den Frischlingen des 36. Regiments der schweren Artillerie in der Royal Army als Aperitif vor dem samstäglichen Mittagessen offerierte. Ein ehemaliger Zweiter Leutnant, T. G. Rosenthal, von dem ich dieses Rezept habe, berichtet, daß er drei Gläser hintereinander bezwingen konnte und danach noch ohne fremde Hilfe seine Stube erreichte, wo er in eine Art Wachkoma fiel, dessen Effekt bis zur montäglichen Morgenparade anhielt. Ein Traum von einem Drink. Er sollte es besser auch bleiben.

Longdrinks

Kein Wort mehr über sogenannte schichtenspezifische Präferenzen oder die prestigeträchtige Symbolik dieser Drinks. Nur eines sollten Sie beachten:

UG 6: *Sollen in einem Drink auch Früchte eine Rolle spielen (und eine wesentlichere als beispielsweise der lediglich dekorative und dezent parfürmierende Zitronen- oder Orangenschnitz et cetera), dann zahlt es sich aus, die Fruchtbestandteile zuvor für mindestens drei Stunden in dem zur Verwendung vorgesehenen Alkohol zu marinieren.*

Alles Weitere ist Gefühlssache, wie es sich anhand des folgenden Rezeptes veranschaulichen läßt:

Generic Cold Punch

Eine große Menge billigen halbtrockenen Wein –
ob weiß, rot oder rosé? Tja: Lassen Sie sich vom Händler beraten /
einiges an Wodka – wieviel genau, hängt vor allem
von Ihrem Budget ab, und dann auch davon, wie betrunken
Sie Ihre Gäste gerne hätten; wie dem auch sei: die Wodkadosis
sollte nicht mehr als ein Viertel der Weinmenge ausmachen /
ein bis zwei Gläser eines halbwegs unklebrigen Likörs /
eine Ladung Früchte der Saison –
Pfirsiche und Erdbeeren eignen sich vorzüglich /
Eiswürfel

Die Früchte kleinschneiden und in eine Art größere Schüssel füllen – alles von der Gulaschkanone bis zur Babybadewanne ist erlaubt. Mit etwas Wein bedecken und gemäß UG 6 für mindestens drei Stunden rasten lassen. Kurz vor Beginn der Party einfach die restlichen Flüssigkeiten zugießen und alles gewissenhaft vermischen. Die beste Methode zum Ausschank wäre der Einsatz Ihres altgedienten Kruges, den Sie füllen können, indem Sie ihn bequem in die Wanne eintauchen und vollgluckern lassen. Den Aufwand, eventuell darin gelandete Fruchtstücke sorgfältig auszulesen und zurück in die Wanne plumpsen zu lassen, den sollten Sie aber nicht scheuen. Gequollene Früchte sehen nämlich einfach ekelhaft aus. (Wer den Generic Punch stilecht servieren will, sollte eine kleine Menge frisch angeschnittener Früchte vorbereitet haben, die er einem jeden Glas zugibt.) Und dann, aber eben erst dann, kommen auch die Eiswürfel zum Einsatz. Eis und Bowle werden *im Krug* umgerührt. Beim Einschenken werden die Eiswürfel im Krug zurückgehalten.

Die gewissenhafte Einhaltung des UG 4 erlaubt die preiswerte Zubereitung dieses Tranks, aber das in diesem Segment beste Preis-Leistungs-Verhältnis und darin inbegriffen einen sehr angenehm zu trinkenden Longdrink mittlerer Heftigkeit bietet

The Careful Man's Peachy Punch

5 Flaschen halbtrockenen Weißwein /

4 Flaschen Cidre (trocken, wenn möglich) /

2 Flaschen englischen Pfirsichwein /

1 Flasche Wodka / 2 Pfund frische Pfirsiche (wenn möglich,

noch mehr und nur im Notfall aus Dosen) / Eiswürfel

Die Pfirsiche entsteinen, kleinschneiden und einweichen

wie eben gehabt. Den Cidre einige Stunden in den Kühlschrank legen. Wenn es soweit ist, den restlichen Weißwein, den Pfirsichwein und den Wodka mit den Früchten vermischen. Den Krug auf altbekannte Weise füllen,
Eis hinzugeben, rühren und ausschenken, dabei aber die
Gläser stets mit dem gekühlten Cidre auffüllen. Das Verhältnis von Bowle zu Cidre beträgt 2:1. Unverzüglich servieren.

Anmerkungen (i) Bei diesem Rezept erhalten Sie über 60 großzügig eingeschenkte Gläser bei einem Einsatz von ungefähren 15
Pence* pro Glas. Wenn Ihnen etwas Gleichwertiges und gleich
Starkes einfällt, das nicht giftig ist, aber noch billiger, würde es
mich freuen, wenn Sie von sich hören ließen.

(ii) Englische Fruchtweine werden mitunter bis auf die Stärke
eines Sherrys oder eines Wermuts gepanscht und gehen für
70 Pence über den Tisch. Das macht sie, Stärke wie Preis ein-
gedenk, konkurrenzlos. Man würde wahrscheinlich nicht mehr
als ein Glas davon pur bezwingen können, aber in Kombination
mit anderen Aromen, wie in diesem Beispiel, lassen sie nichts zu
wünschen übrig. Außer Pfirsich werden noch die Geschmacksrichtungen Aprikose, Johannisbeere, Zwetschge und Kirsche angeboten, so daß es selbst den allerdümmsten und denkbar ein-
fallslosesten Männern möglich sein wird, auf Grundlage des von
mir vorgestellten Grundschemas zu improvisieren.

---

* Die Preisangaben stammen aus der Originalausgabe von
On Drink, die 1972 erschien. Damals war ein englisches Pfund
8 DM wert, was wiederum dem heutigen Wert von etwa 11 Euro
entspricht (A. d. R.).

Jo Bartley's Christmas Punch

3 Flaschen trockenen bis halbtrockenen Weißwein /
2 Flaschen Gin / 1 Flasche Weinbrand / 1 Flasche Sherry /
1 Flasche Wermut, trocken /
fünfeinhalb Liter halbtrockenen Cidre / Eiswürfel

(Die Reste von der gestrigen Party können Sie getrost daruntermischen, das merkt kein Mensch.) Alles gut miteinander verrühren und aus mit Eis befüllten Krügen servieren. Den UG4 im Hinterkopf, sollten Sie beim Einkauf an allen nur möglichen Ecken knausern: also spanischer Weißwein, Gin der Hausmarke, ein Weinbrand, der kein Cognac ist (aber schon noch aus Frankreich stammt), einheimischer Sherry, dito Wermut; der Cidre nivelliert eventuell herausstehende Aromaspitzen und fügt – musivgoldartig – die Elemente zu einem neuen und strahlenden Geschmacksbild zusammen. Trotz der kräftigen Wirkung, die sich hinter seiner vorgeblichen Milde verbirgt, ist mir nicht ein einziger Fall bekannt, in dem diese Weihnachtsbowle für eine böse Bescherung gesorgt hätte.

Ich habe sie übrigens nach ihrem Erfinder benannt, dem Privatgelehrten und guten Freund von mir, der 1967 verstarb.

Paul Fussell's Milk Punch

1 Anteil Weinbrand / 1 Anteil Bourbon / 4 Anteile frische Milch /
Muskatnuß / Milchwürfel (aus gefrorener Milch)

Am Vorabend (ich verspreche, daß dies der aufwendigste Teil der Zubereitung bleiben wird) befüllen Sie alle Eiswürfelbehälter Ihres Gefrierfaches mit Milch anstelle von Wasser. Rechtzeitig vor Beginn der Party vermischen

Sie die Milch mit den Schnäpsen – in der Überlieferung wird hierzu ein elektrischer Mixer eingesetzt. Ein Rat, an den Sie sich ruhig halten können, falls Sie Zugriff haben auf ein Gerät, das sauber ist, einwandfrei funktioniert und nicht gerade anderweitig gebraucht wird. Für meine Zwecke genügt ein Verrühren im Krug. Völlig. In bauchige Gläser schenken, ein paar Milchwürfel hinzu, Muskatnuß darüberreiben und servieren.

Diese Bowle sollte eigentlich gleich nach dem Aufstehen getrunken werden. Sie taugt auch zum Frühstücksersatz. Eine Milchbowle à la Fussell verleiht einem die nötige Kraft und Zähigkeit, sich den Anforderungen eines längeren Tages gewachsen zu zeigen: Damit sind nicht nur Flugreisen oder Interviewtermine gemeint; besonders die Aussicht auf aufreibende Veranstaltungen wie zum Beispiel die Weihnachtstage, die Hochzeit eines Ex-Freundes Ihrer Frau oder das sonntägliche Mittagessen bei den Schwiegereltern.

Anmerkung Natürlich werden Sie keinen teuren Bourbon für die Milchbowle verwenden, auch keinen Weinbrand, der nicht einfach nur aus Frankreich kommt. Und unbedingt sollten Sie von jeder neu angebrochenen Packung Milch kosten. Angeblich schmeckt die Bowle mit saurer Milch nämlich gar nicht gut.

Reginald Bosanquet's Golden Elixir

Champagner / frische Pfirsiche

Das Mischungsverhältnis besteht in drei größeren oder vier kleineren Pfirsichen pro Flasche; ein paar Gramm mehr oder weniger fallen nicht ins Gewicht. Die entsteinten Früchte im Mixer pürieren – ich mag diese Gerätschaften eigentlich nicht, aber mir ist bis dato noch keine effektive Methode eingefallen, das per Hand zu erledigen. Den gekühlten Champagner in Weingläser füllen und mit der durchgeseihten Pfirsichessenz krönen.

»Der beste Drink der Welt«, wie sein Erfinder[*] überzeugend klarzumachen pflegte. Stimmt schon – und obendrein ist er *bekömmlich.*

Jittersauce

1 Anteil Scotch / 1 Anteil Gin /
2 Anteile Champagner / Eiswürfel

Den Scotch mit Gin vermischen, Eis hinzu, umrühren und mit Champagner aufgießen. Wie Robert Conquest mir berichtete, war dieser süffige Drink in gewissen Oxforder Kreisen der späten dreißiger Jahre beliebt. Er ist, gewissermaßen, als ein trinkbar gewordener Hit von Cab Calloway zu verstehen, der in genau dieser Zeit das Folgende sang:

Wenn du den Jitterbug tanzen willst,
Brauchst du vor allem ein Glas der größ'ren Art;
Füll Whisky ein, Gin und Wein,
Und dann fang an.

Aber Sie sollten es nicht übertreiben.

---

* Reginald »Beaujolais« Bosanquet (1932–1984): englischer Nachrichtensprecher, der wegen seiner eigenwilligen Vortragsweise zur Legende wurde (A. d. Ü.).

Evelyn Waugh's Noonday Reviver

1 ziemlicher Schuß Gin /
1 Flasche (0,3 l) Guinness /
Ingwerbier

Geben Sie Gin und Guinness in einen geräumigen Deckel-
krug aus Silber (Fassungsvermögen mindestens ein halber Liter) und füllen Sie ihn bis zum Rand mit Ingwerbier
auf. Ich kann mich dafür nicht verbürgen, da ich es nur
gerüchteweise mitbekommen habe, aber angeblich hat
die Mischung eine belebende Wirkung, oder so ähnlich.
Ich nehme aber stark an, daß diese Wirkung mit der dritten Ration neutralisiert wird.

Woodrow Wyatt's
Instant Whiskey Collins

So viel Bourbon, wie Sie meinen /
die Hälfte eines Fläschchens Bitter Lemon /
1 Maraschinokirsche / Eiswürfel

Den kriegen Sie auch im Halbschlaf hin. Zur Abwechslung können Sie ihn mit Canadian oder Irish Whiskey beziehungsweise Scotch Whisky* ausprobieren. Egal, was
die Puristen davon halten mögen, es ist ein prima Drink.
Dabei zahlt es sich aus, das Folgende zu beachten:

UG7: *Man sollte keinen Drink von vorneherein ablehnen,
nur weil seine Zubereitung als zu einfach erscheint und/oder
Fertigmischungen zum Einsatz kommen sollen. Das reflexar-*

---

* Für Faktenfüchse: Nur für die Bezeichnung von Scotch darf
Whisky ohne »e« geschrieben werden.

tige Hochloben allen Hand- und Selbstgemachten ist, und
zwar auf alle Lebensbereiche bezogen, ein untrügliches Kennzeichen für Naivität – oder noch Hinterwäldlerischeres.

The Bloody Mary

Eine halbe Flasche Wodka / 1 Liter Tomatensaft /
2 Eßlöffel Ketchup / 4 Eßlöffel Zitronensaft /
4 Eßlöffel Orangensaft / 1 Eßlöffel Worcestersauce, mindestens /
1 gestrichener Teelöffel Selleriesalz / Eiswürfel

Man sollte davon eine größere Menge herstellen, entweder vor einer Party oder aber, wenn ein geselliges Frühstück sich auf sein Ende zubewegt. In einem übersichtlichen Behälter werden Wodka, Ketchup, Worcestersauce
und Selleriesalz energisch miteinander verrührt, so daß
sich das Ketchup mit den übrigen Flüssigkeiten mehr
als freundschaftlich verbunden zeigt und die Klümpchen des Selleriesalzes sich gelöst im roten Wohlgefal-
len zeigen. (Das Ketchup ist das Erfolgsgeheimnis meiner Bloody Mary: Ich weiß zwar nicht, was es bewirkt,
aber es bewirkt etwas ganz Wesentliches.) Nun den Tomatensaft und die (durchgeseihten) Fruchtsäfte im guten
alten Krug miteinander verrühren. Die Wodka-Ketchup-
Worcestersauce-Salz-Mischung unterrühren, Eiswürfel
dazu, umrühren und in Weingläsern oder ähnlich Bestiel-
tem servieren; wie beim Martinicocktail gilt auch hier:
ein zu großes Glas läßt die zweite Hälfte des Drinks rasch
zu warm werden.

Dieser köstliche und herzhafte Trunk wird traditionell
für die Behandlung eines Katers eingesetzt, und natürlich wird man davon auch erneut betrunken, vorausge-

setzt, man trinkt genug, aber das ist ja nun auch nichts Besonderes. Manche würden nun anführen, daß der darin enthaltene Tomatensaft eine im Alkohol geschmuggelte Nahrungsdosis ist, die der Trinkermagen in ihrem puren Zustand mit aller Schärfe zurückweisen würde. Aber hierfür ließen sich bekömmlichere Alternativen denken; außerdem vermiest der Genuß einer Bloody Mary denjenigen, deren Magen noch in ordentlichem Zustand ist – vielleicht sind das die meisten unter uns –, den Appetit auf das Mittagessen. Wahrscheinlich ist es doch so, daß – hierbei auf einen Grundsatz Bezug nehmend, der annähernd reif ist, zum UG erhoben zu werden – jegliche Auseinandersetzungen den Alkoholkonsum betreffend vorwiegend von subjektiv geprägten Ansichten bestimmt werden. So geht es den meisten nach ein, zwei Bloody Marys einfach deshalb besser, weil sie von der Wirkung einer Bloody Mary gar nichts anderes erwarten.

La Tequila con Sangrita

1 guter Viertelliter Tequila
(entsprechend der nachfolgenden Menge an Flüssigkeiten) /
ebensoviel Tomatensaft /
1 Eßlöffel Limonensaft (oder 2 Eßlöffel Zitronensaft) /
ein halber Teelöffel Tabasco /
1 Prise Cayennepfeffer

Zum Abschluß noch ein fremdländischer Longdrink. Jenseits von Mexiko ist er mir nirgendwo begegnet, aber da ich mich dort (in Mexiko) auch etwas daran übertrunken haben könnte, muß ich zugeben, daß ich auch nicht wirklich nach ihm Ausschau gehalten habe. Tequila wird aus

46

Kakteensäften gebrannt und schmeckt auch so. »Sangrita« wird mit »Blutstropfen« oder »Blutspritzerchen« übersetzt (und »con« bedeutet »mit«, falls es jemanden interessiert). Der Drink selbst ist eine Variante der Bloody Mary, äußerst scharf gewürzt und einzigartig durch seine Darreichung in zwei Komponenten: Der tomatige Teil und der Tequila treffen nämlich erst im Magen des Trinkenden aufeinander. Jeder Teilnehmer bekommt ein kleines Glas mit zimmerwarmem Tequila und ein zweites, in dem sich das zuvor angerührte, ebenfalls zimmerwarme rote Zeugs befindet. Nun wird in kleinen Schlucken aus beiden Gläsern abwechselnd getrunken.

Den Tequila habe ich absichtlich mit zumindest einem Viertel angeführt, da es bei kleineren Mengen nur noch schwer möglich ist, die Zutaten für die rote Sauce abzumessen. Keineswegs möchte ich dadurch die Annahme nähren, es handele sich dabei um das Grundrezept für eine Person. Es dürfte sogar locker für drei bis zwei reichen. Sie werden mir zustimmen müssen, daß es sich bei dem Tequila con Sangrita um einen großartigen »Hey, mir geht's schon wieder besser«-Drink mit Tendenz zum »Warte mal, ich leg' mich nur rasch hin«- beziehungsweise »Mir egal, wenn du in fremden Zungen sprichst«-Drink handelt. Vom Genuß am Morgen nach dem Durchfeiern ist abzuraten.

Heißgetränke

Auch über diese Gattung gibt es nicht viel zu sagen. Alle Heißgetränke wärmen schön und machen auch ganz schön betrunken, vorausgesetzt, man trinkt genug davon. Bedenken Sie nur, daß die Wirkung des Alkohols rascher einsetzen wird, als wenn Sie denselben Drink kalt, gekühlt oder auf Eis zu sich nähmen. Wäre dies der Fall, müßte nämlich der Magen das Zeug zunächst auf Körpertemperatur aufwärmen, bevor der Abtransport in die Blutbahn beginnen könnte; ist der Stoff aber heiß, fährt der Alkohol Ihnen (oder Ihrer Freundin) unverzüglich in die Frisur. Um die Qualität der Zutaten muß man, mit den Rezepten für Longdrinks verglichen, noch weniger Aufhebens machen. Was komfortablerweise auch für deren Mengenabmessungen gilt, wie aus dem nachfolgenden Rezept beispielhaft ersichtlich wird:

Generic Hot Punch

Eine größere Menge billigen Rotwein und/oder billigen Portwein /
ein, zwei, nach Belieben auch mehr Gläser billigen Weinbrand
(der aber trotzdem aus Frankreich stammt) /
Orangen und Zitronen / Zucker / alle möglichen Gewürze:
(Zimt, Muskatnuß, Nelken et cetera) / Wasser

Die in Scheiben geschnittenen Früchte in eine große Kasserolle (vorzugsweise eine mit Ausgußschnute) geben, Weine und den Weinbrand einrühren und auf kleiner Flamme erwärmen. Nach Gusto die Gewürze hinzufügen, wobei diese meiner Erfahrung nach in erster Linie einen unappetitlichen Bodensatz beisteuern. Wenn die

Mischung sich erwärmt hat, den Zucker einstreuen. Hier kommen nun erstmalig die Geschmacksknospen zum Einsatz: Sie müssen unermüdlich kosten, was Ihnen aber Spaß machen wird – es sei denn, Sie gehören zu jener Sorte, die sowieso keine Partys veranstalten sollte.

Setzen Sie Wasser auf und stellen Sie ein paar ausrangierte Weingläser bereit oder andere, größere Gläser, die einen Griff haben, oder diese Teegläser mit einer metallenen Halterung. Stellen Sie in jedes Glas einen Teelöffel. Sobald die Dämpfe aus der Kasserolle steigen, füllen Sie die Mischung in einen Krug (der hoffentlich stabil genug ist, um keinen Sprung zu bekommen) und füllen Sie damit jedes Glas zur Hälfte. Jeden Drink mit kochendem Wasser so weit aufgießen, daß die Gläser nun zu drei Vierteln gefüllt sind. Der Zweck des hineingestellten Löffels soll sein, das Springen des Glases zu verhindern. Was auch oft, aber nicht immer, gelingt – von daher der Rat zum »Ausrangierten«. Die Löffel entnehmen und servieren. Versuchen Sie daran zu denken, daß Sie den Löffel in das Glas zurückstellen, sobald Sie auch nur einen abgekühlten Rest auffrischen. Der Rest des Punsches steht in der Kasserolle auf dem Herd bereit, möglicherweise schieben Sie eine Asbestmatte zwischen Topf und Flamme, falls Sie damit umgehen können. Irgendwie müssen Sie es jedenfalls verhindern, daß die Mischung zu köcheln beginnt – sonst löst sich der darin befindliche Alkohol in Luft auf.

Anmerkungen (i) Wie üblich meine ich mit »billigem Wein« et cetera nicht, daß Sie sich jeden Mist andrehen lassen. Finger weg von marokkanischem Rotspon, Portwein aus Venezuela und ähnlich dubiosem Verschnitt. Und wie üblich sollten Sie sich vom Händler Ihres Vertrauens beraten lassen. Andererseits sollten Sie niemals Spitzenwein oder gar portugiesischen Portwein für Ihre Heißgetränke verwenden. Das wäre die reinste Verschwendung. Falls Sie aber wiederum andererseits Gefahr laufen, auf einem zwar nicht tödlichen, aber ungenießbaren Tropfen sitzenzubleiben, bewahren Sie ihn zur Zubereitung eines Punsches auf, worin sich nämlich seine Ungenießbarkeit auflösen wird.

(ii) Trinkerspießer werden Sie zu furchtbaren Arbeiten überreden wollen, zum Beispiel, eine mit Nelkennägeln gespickte Orange im Ofen zu trocknen, eine Zitronenschale an Zuckerwürfeln abzureiben und all das. Hören Sie einfach weg.

Wenn Sie trotzdem nach Höherem streben, ohne es gleich übertreiben zu wollen, versuchen Sie einmal den

Portuguese Hot Punch

Bittall / Wasser

Die Zubereitung folgt im wesentlichen den zuvor erklärten Vorgängen, das Mischungsverhältnis von heißem Wasser und Wein beträgt 1:2. Die Orangennote des Bittall macht sich nicht nur gut, sondern erspart auch den Aufwand mit den Früchten und dem anderen Kram. Manche glauben, daß noch etwas Zucker guttäte, was ich bezweifle. Dieses schlichte Heißgetränk kann ich wärmstens empfehlen.

The Polish Bison

1 gehäufter Teelöffel Fleischextrakt der Marke Bovril /
1 Schlückchen Wodka nach Belieben / Wasser /
1 Spritzer Zitronensaft (wer's mag) / 1 Prise Pfeffer

Den Fleischextrakt auflösen und dann die anderen Zutaten einrühren. Benannt nach der Nation, die den besten Wodka hervorbringt, aber einen polnischen dazuzugießen wäre Verschwendung: ein einheimischer tut es voll und ganz. Eine stark belebende Mixtur, die einem, ob nun erkältet oder verkatert, wieder auf die Beine hilft.

Hot Buttered Rum

Rum (jede Sorte, bloß nichts Teures) / Ahornsirup /
Butter / Wasser / Zimt

Geben Sie einen großzügigen Schuß Rum in einen Becher, dazu einen Teelöffel Ahornsirup (oder Zuckersirup) sowie heißes Wasser bis zum Rand. Umrühren, bis sich alles gut vermischt hat, dann ein Klümpchen Butter hinzufügen und die Oberfläche des Getränks mit dem Zimt bestäuben. Das Rezept stammt nicht von mir, ist aber als Aufwärmer und Schlaftrunk weit weniger bekannt, als es sein sollte.

David Embury ist da anderer Meinung. Zwar erwähnt er den Hot Buttered Rum der Vollständigkeit halber in seinem Buch, urteilt aber gleichzeitig mit Strenge: »Wie man das freiwillig trinken kann, entzieht sich allerdings meiner Vorstellungskraft. Meiner Ansicht nach sollte das Trinken von Hot Buttered Rum einzig an der Nordwestpassage erlaubt sein. Und selbst dort nur extrem phantasievollen und überenthusiastischen Romanschriftstellern.« Ach jemine.

Serbian Tea

Slibowitz (Zwetschgenschnaps) /
Honig (von der flüssigen Sorte)

Den Slibowitz in einer Kasserolle erwärmen und nach
Belieben Honig einrühren. In Teeschalen servieren. Auf
dem Balkan wird der Serbische Tee zur Behandlung der
Erkälteten eingesetzt. Tatsächlich scheint er auch zu wirken, aber, in den Worten eines ehemaligen Patienten,
»nach ungefähr einem halben Liter merkt man, wie die
Magenschleimhaut porös wird.« Also Obacht!

Weh denen, die des Morgens früh auf sind, dem Saufen nachzuge-
hen, und sitzen bis in die Nacht, daß sie der Wein erhitzt. – Jesaja

Der hat es nicht verdient, sich Engländer zu nennen, der gegen's
Bier wettert. Und damit meine ich: gegen's gute Bier. – George
Borrow

Alfred Lord Tennyson, Dichterfürst seiner Ära, anläß-
lich seines Besuchs der Weltausstellung von 1862, für die er eine
Ode verfaßt hatte, die ein Chor von viertausend Stimmen singen
sollte: »Kann man hier irgendwo eine ordentliche Flasche ›Bass‹*
bekommen?«

Bier und Britannien: wie könnte das eine ohne das andere sein? –
Sydney Smith

———

* »Bass« ist der Handelsname für verschiedene, vorwiegend
helle (Pale Ale) Biersorten aus der Grafschaft Staffordshire
(A. d. Ü.).

»Ich bevorzuge schlechten Wein«, sagte Mr. Mountchesney; »man wird des guten so überdrüssig.« – BENJAMIN DISRAELI

Es gibt kein privates Haus, wo die Leute sich so gut amüsieren können wie in einer guten Schenke. – SAMUEL JOHNSON

»Schampus gibt einem herrlich edle Gedanken ein, aber um ein Herr zu bleiben – keine Ahnung, na ja, vielleicht sollte man doch Gesünd'res zu sich nehmen.« – ROBERT SMITH SURTEES

Das Drum und Dran

D as Ziel ist, alles so schlicht wie nur möglich zu halten. Widerstehen Sie jeder Versuchung, sich ein komplettes Barset verkaufen zu lassen, das sowieso nicht vollständig ist und zudem noch grauenvoll aussieht. Beschaffen Sie sich Ihre Ausrüstung lieber nach und nach, nehmen Sie jedes Stück sorgfältig unter die Lupe und überlegen Sie gründlich. Wenn Sie sich im Griff zu haben glauben, und ich für meinen Teil bin weit davon entfernt, wenn es ums Geldausgeben geht, können Sie einen Abstecher in die zuständigen Abteilungen des örtlichen Kaufhauses wagen. Kommen wir nun zu den unverzichtbaren

Gerätschaften

1. Ein Kühlschrank. Und zwar einer, der Ihnen allein zusteht. Um diese Anschaffung werden Sie nicht herumkommen. Ehe- und andere Frauen sind ständig damit beschäftigt, sämtliche Kühlschränke, derer sie habhaft werden können, sogar die Eisfächer, mit unwichtigem Kram wie Essen vollzuräumen. Kaufen Sie sich einen eigenen und lassen Sie die Einlegeböden in den angemessenen Abständen für die Flaschen einpassen. Das kostet nicht viel, und auf diese Weise kann selbst ein kleines Modell mit einer Menge Flaschen und Dosen für den raschen Zugriff aufwarten. Die Eiswürfelbehälter sollten aus Gummi oder ähnlichem Material bestehen. Behälter aus Kunststoff oder Metall sind robuster, aber es ist schier unmög-

lich, nur die zwei oder drei Würfel herauszulösen, die man meistens braucht; mit Gummibehältern geht das problemlos.

2. Ein Meßbecher. Das Halblitermodell ist perfekt.

3. Der Rührkrug. Idealerweise ist er aus Glas, hoch, schmal und mit einem Ausgießer versehen, über dessen Breite ein Steg verläuft, der die Eiswürfel zurückhält. Und er sollte groß genug sein und mindestens einen Liter fassen können. Wie groß die Party auch werden wird: Wenn Sie, sagen wir mal, einen Martinicocktail anzurühren gedenken, wollen Sie doch auch lieber gleich die ganze Flasche Schnaps hineinkippen und dann noch genug Platz für die Eiswürfel und Ihr energisches Rühren haben.

4. Einen Eisbehälter. Mit einem Isolierfutter ausgeschlagen und Platz für 30, 40 Würfel.

5. Einen Barlöffel, zum Beispiel einen mit langem Stiel und kleiner Laffe.

6. Eine Zitronenpresse. Es sollte ein leises Modell sein, also ein nichtelektrisches, für den Handbetrieb bestimmtes und daher stets funktionstüchtiges Gerät. Solche aus Plastik sind den Glasausführungen vorzuziehen, weil bei ihnen die Rillen auf dem Konus für gewöhnlich etwas schärfer ausfallen.

7. Ein Barsieb.

8. Ein wirklich extrem scharfes Messer. (Falls Sie Wert darauf legen, sich beim Einschlafen am Vollbesitz ihrer Finger zu erfreuen, erledigen Sie sämtliche Schäl-, Schneide- und ähnliche Aufgaben am besten, noch bevor Sie einige Drinks intus haben. Am allerbesten, bevor Sie überhaupt.)

9. Einen Korkenzieher. Fragen Sie nach den Modellen mit Gewindehub, bei denen man den Korken herausschraubt statt herauszieht.

10. Einen Flaschenöffner.

Und damit hat es sich eigentlich. Verstauen Sie Ihr Zubehör in einem verschließbaren Schrank und geben Sie den Schlüssel niemals aus der Hand. Sonst werden Sie ständig Ihrem Kram hinterherlaufen müssen, ich weiß, wovon ich spreche. (Es erfordert einige Begabung, den Kühlschrank so umzurüsten, daß er sich abschließen läßt. Wie, Sie haben ihn bereits mit Schloß gekauft? Sie Glücklicher!) Übrigens spart es Ihnen letzten Endes Zeit und verbessert Ihr Ansehen im Haus, wenn Sie Ihren Abwasch selbst erledigen.

Das Besondere an meiner Einkaufsliste besteht in den Dingen, die nicht aufgeführt werden. Und das Wichtigste und Umstrittenste unter den nicht benötigten Dingen ist der Cocktailshaker. Nichts gegen James Bond – aber ein Martini sollte eben nicht geschüttelt werden, sondern gerührt. Die Dinge liegen etwas anders in all jenen Fällen, in denen ein Drink dickflüssige Fruchtsäfte oder Liköre enthalten soll, aber meiner Erfahrung nach lassen sich diese Probleme durch ein paar zusätzliche Minuten des Rührens beseitigen. Die einzigen Rezepturen, die wirklich geschüttelt werden müssen, sind diejenigen, die Eier enthalten. Falls Sie so etwas mögen: Gehen Sie mit Gott und kaufen Sie sich endlich einen Shaker. Das Ärgerliche an den Dingern bleibt aber, daß es sich daraus schlecht einschenken läßt und, was weitaus schwerer wiegt, die meisten viel zu klein sind und ein halbes Dutzend Drinks draußen bleiben muß. Ein Shaker von der Größe eines Feuerlöschers wäre durchaus eine Überlegung wert, aber bislang habe ich einen solchen weder gesehen noch von ihm gehört.

Ebenso überflüssig ist die Anschaffung eines Elektromixers, wobei Sie einen vorhandenen von mir aus gerne zum Einsatz bringen können, wenn Sie ihn danach nicht selbst reinigen müssen. Und: Natürlich macht es Spaß, mit kleinen batteriebetriebenen Schneebesen herumzuspielen. Aber meiner Erfahrung nach können die eben auch nicht mehr ausrichten als ein kundig geführter Barlöffel.

Eiswürfelzangen wurden mittlerweile wieder durch die menschliche Hand ersetzt, was völlig in Ordnung ist. Der spezielle Bierdosenöffner ist, seitdem es Aufreißlaschen auf jeder Dose gibt, längst nutzlos geworden, und dank der Einführung von Schraubverschlüssen sind die Tage des Utensils Nr. 10 auf meiner Liste bereits gezählt.

Auch für die folgenden Empfehlungen habe ich mich von meiner Richtlinie der Konzentration aufs Wesentliche leiten lassen:

Gläser

1. Ein Weinglas, das etwa ein Viertel faßt, wobei die vernünftige Grundregel gilt, ein Weinglas nur zu zwei Dritteln zu füllen. (Gilt auch für Sherry, Portwein et cetera.) Ein solches Glas kann für alle Weine, Champagner inklusive, verwendet werden. Man sollte darauf achten, daß der Kelch des Glases so geformt ist, daß er sich gut in die Hand schmiegt, damit Sie einen noch zu kühlen Roten anwärmen können. Und daß es einen Stiel gibt,

der verhindert, daß Ihre warmen Finger einen Weißen zu lau werden lassen.

Römergläser, für Weine von Rhein und Mosel gedacht, sehen mit ihren braunen oder grünen Stielen zwar hübsch aus, sind prinzipiell auch geeignet, aber sie zerbrechen leicht, und außerdem ernten Sie empörte Aufschreie und Geringschätzung, sollten Sie etwas anderes darin servieren wollen als Wein von Rhein oder Mosel. Sie sind also allenfalls unter Luxus zu verbuchen.

Eine dritte Anforderung an das ordentliche Weinglas gilt eigentlich für alle Gläser: Der Teil des Glases, der die Flüssigkeit enthalten soll, bei Tumblern und ähnlichen Gläsern also das ganze Glas, muß aus klarem Glas bestehen, so daß Sie die Farbe des Weins ungehindert betrachten und bewundern können (ein zart in klares Glas graviertes Blumen- oder Rankenmuster ist in Ordnung).

Mittlerweile wird eine große Auswahl von Trinkgläsern aus getöntem Glas angeboten, und nicht alle sind sie im Anblick unerträglich. Aber selbst diese löblichen Ausnahmen gehören aufs Sammelbord, nicht auf den Tisch. Sollte jemand, den Sie gerne noch übertrumpfen würden, Ihnen schwarzen Burgunder oder flaschengrünes Bier anbieten, fragen Sie ihn doch ganz höflich, ob Sie Ihren Wein eventuell auch in einem weißen Zahnputzbecher bekommen könnten. Und erklären Sie ihm ruhig, daß sich nämlich dann wenigstens von oben die wahre Farbe des Getränks erkennen läßt.

2. Ein Sherryglas. Bis zum Rand gefüllt, sollte ein gutes Achtel hineingehen. Es braucht, wie das Weinglas, einen Stiel, um die Erwärmung durch die Hand zu verhin-

dern, aber dieser Stiel darf kürzer sein, gerade so lang, daß er sich bequem zwischen Daumen und Zeigefinger halten läßt. Die Form ist Geschmackssache. Ich bevorzuge eine Art Mini-Weinglas mit U-förmigem Kelch. In solchen Gläsern können Sie nicht nur formvollendet Sherry, sondern ebenso Portwein, Wermut, Liköre und Weinbrand reichen. Jawohl: Weinbrand. Falls Ihnen das eine oder andere Stirnrunzeln auffallen sollte, preschen Sie einfach vor und erklären Sie, daß Sie traditionelle Cognacschwenker schon immer furchtbar pompös und dämlich fanden. Und lassen Sie noch nebenher fallen, daß ohnehin nur drittklassige Weinbrände das Schnüffeln wert sind. Wer nun den Einwand bringen will, daß die üblicherweise seinen Gästen zugedachten Schnapsrationen in einem Achtelliterglas womöglich etwas spärlich aussehen, der ist einfach ein Geizhals.

3. Ein Old-Fashioned-Glas. Ein, in anderen Worten, gedrungener Tumbler mit einem maximalen Fassungsvermögen von einem Viertelliter. Es geht nicht allein darum, daß ein solches Glas hübsch aussieht – und das tut es, sogar sehr –, man kann darin eine größere Menge Eiswürfel unterbringen, ohne sie über den Rand hinaus in die Höhe stapeln zu müssen, wo sie dann an der Nase des Trinkers festfrieren. Nicht nur als Gefäß für einen Old-Fashioned geeignet, sondern generell für jeden Drink, der auf Eis serviert wird: Schnaps, Wermut, Aperitifs wie Dubonnet, Punt e Mes, et cetera.

4. Ein Highball- oder Collins-Glas. Ein, in anderen Worten, gestreckter Tumbler, der mehr als einen Viertelliter faßt. Man braucht dieses Glas für alle Longdrinks,

angefangen beim Gin Tonic. Man kann daraus sogar Bier trinken, wenn gar nichts anderes mehr zur Verfügung steht, büßt dann aber mit handbeheiztem lauem Bier dafür. Weshalb ich

5. zum Bierglas rate. Natürlich in klassischer Ausführung mit Henkel. Die Nulldrei-Größe ist handlich und wird häufig gebraucht, aber manchmal kommt auch die Halbe gelegen, nicht nur für Helle, sondern für Pimm's* (da auch noch Eis und derlei Einlagen dazukommen wollen, ist ein Nulldrei-Pimm's ein ziemliches Fliegengewicht) und Longdrinks, die mächtig schäumen sollen, zum Beispiel Black Velvet. (Es geht mir gegen den Strich, wenn ich in einem so konzisen Werk diese Banalität ausführen muß, aber dieses »saure und belebende Gebräu«, wie Evelyn Waugh es nannte, besteht aus gekühltem Guinness und ebenso kaltem Champagner zu gleichen Teilen, wobei der letztere zuerst ins Glas gegossen wird. (Falls Ihr Magen rasch mal übersäuert, probieren Sie es mit einem süßeren Bier.) Biergläser mit Henkel sind nicht immer leicht aufzutreiben. Fragen Sie den Weinhändler Ihres Vertrauens, ob er Ihnen welche bestellen kann.

Nein, mein Herr, Rotspon ist Kinderkrams, Port ist für Herren; Aber was ein Held werden will (lächelt), sollte Weinbrand trinken ... Weinbrand ist die Schußfahrt ins Delirium. – SAMUEL JOHNSON

---

* Nur selten wird einem der getriebene Aufwand köstlicher vergolten als beim Abrunden des Pimm's durch etwas frischen Gurken- und Zitronensaft.

Das wohlsortierte Schnapsregal

hat nichts mit dem Keller oder einer Speisekammer zu tun, oder wo auch immer sonst Sie ihre Alkoholvorräte für den täglichen Gebrauch zu bunkern pflegen. Anders gesagt: Es versteht sich eigentlich von selbst, ein paar Flaschen Gin, Wein, Bier et cetera auf Vorrat einzukaufen, um ab und zu ein bißchen was trinken zu können. Ich knüpfe hier an meine früheren Ausführungen zum Thema »vergleichsweise unübliche Spirituosen in entlegenen Rezepten« an und werde Ihnen eine Grundausstattung empfehlen, mit Hilfe derer Sie Ihre Fähigkeiten an einigen Spezialistencocktails erproben können. Zum Begriff der Grundausstattung: Um beispielsweise alle Drinks, die sich in David Emburys Buch verzeichnet finden, anrühren zu können, benötigen Sie ein Schnapsregal – oder einen Schnapsraum – mit ausreichend Stellfläche für etwas über vierhundert Flaschen, vom kleinen Obst- und Gemüseladen nebst Minimolkerei ganz zu schweigen.

Wenn hier von Schnaps gesprochen wird, geht es meistens um Liköre. (Mir ist bewußt, daß letztere vorwiegend pur genossen werden sollten; mir ist nur allzu bewußt, wie man sich fühlt, wenn man zu viele von verschiedenen Sorten oder zu viele von nur einer pur getrunken hat – siehe auch »Der Kater«.) An dieser Stelle sind wohl einige grundsätzliche Anmerkungen zu diesen fatalen Kleopatras in Schnapsgestalt angebracht. Sie sind es allesamt nicht wert, mit besonderer Aufmerksamkeit bedacht zu werden, mit Ausnahme des wenig bekannten

Kitró, dessen Nischendasein einen kurzen Exkurs recht-
fertigt. *Kitró* konnte sich nie durchsetzen, weil er ausschließlich auf der griechischen Insel Naxos verkauft
wird. Auf der Nachbarinsel Ios wird ein ihm zwar ver-
wandter, aber etwas herberer Likör hergestellt. Das Original wird nicht einmal aufs griechische Festland expor-
tiert; zumindest konnte ich ihn dort trotz hartnäckiger
Recherchen nirgendwo auftreiben. Es handelt sich dabei
um einen Likör auf Zitronenbasis, wobei zu gleichen Teilen Schale wie Saft verwendet wird, was seinen einzigartigen Geschmack erklärt. Falls es Sie einmal nach Athen
verschlagen sollte, sollten Sie den Ausflug nach Naxos
oder Ios nicht scheuen und so viele Flaschen davon mitbringen, wie Sie schleppen können. Die Inseln sind übrigens auch ganz nett, sogar nüchtern betrachtet.

Um auf Liköre zurückzukommen: Ein Likör ist ein
alkoholreiches Getränk mit Frucht- beziehungsweise
Kräuternote. Es lassen sich zwei Gruppen unterscheiden: dünnflüssige Sorten, für die gegorener Fruchtsaft –
in Frage kommt hierfür eigentlich alles außer den Trauben, also Birnen, Erdbeeren, Äpfel, Pflaumen – destilliert
wird; und eine zähflüssige Variante, die aus Mischungen
von Weinbrand und Zucker sowie Frucht- oder Kräuter-
auszügen entsteht. Liköre der ersten Sorte sind für Mixgetränke von untergeordneter Bedeutung, und darum
gehe ich auch nicht weiter auf sie ein. Die zweite Gruppe
läßt sich nochmals unterteilen, wobei die größte Unter-
gruppe aus Likören mit Orangengeschmack besteht.
Diese können dunkel sein wie zum Beispiel Grand Marnier, Curaçao, Van der Hum: Letzterer wird mit einer

Frucht aromatisiert, die genaugenommen nicht zu den Orangen zählt, aber ich habe ihn trotzdem mit in diesen Topf geworfen; andere hingegen sind hell, wie Cointreau und Triple Sec. (Diese Bezeichnung für eines der süßesten Getränke überhaupt kann nur ein Scherz sein.) Sie alle besitzen einen eigenen Geschmack, dessen Charakteristik sich allerdings in der Cocktailmischung verlieren wird. Gerade wenn – wie so oft – auch noch Zitronensaft hinzukommt. Aus der großen Gruppe sollte man sich also einen auswählen, den man auch pur gerne leiden mag, und ihn immer dann zum Einsatz bringen, wenn in einem Rezept irgendein Likör aus dieser Gruppe aufgerufen wird. Dasselbe Prinzip läßt sich auch auf die Kirschgeschmackstruppe anwenden: Maraschino, Peter Heering und die holländische Version, die von Bols hergestellt wird.

Andere Liköre lassen sich nicht beliebig austauschen, sie werden zusammen mit ein paar vielseitigen Artikeln nachstehend aufgeführt.

Ihr Schnapsregal sollte demnach folgendermaßen sortiert sein:

1. Orangenlikör

2. Kirschlikör

3. Bénédictine – über den man keine weiteren Worte verlieren muß

4. Crème de Menthe – dito. Trinkerspießer behaupten, die weiße Sorte sei besser als die grüne. Mir fällt es schwer, einen Unterschied herauszuschmecken, und die grüne Farbe macht sich gut. Außerdem gibt's den grünen überall, und den weißen findet man nie.

5. Crème de Cacao. Ein extrem zähflüssiger Likör, der angeblich nach Kakao schmeckt. Verleiht vielen Drinks eine unergründliche Note, vom puren Genuß sei allerdings dringend abgeraten. Der unwichtigste auf dieser Liste.

6. Ein Pseudo-Absinth wie Pernod oder Ricard. Echter Absinth (der Name stammt aus dem Altgriechischen und bedeutet »untrinkbar«) ist in den meisten Ländern längst verboten*. Absinth wird, oder wurde, mit Artemisia absinthium, dem Wermutkraut, aromatisiert, welches, wie die Franzosen herausfanden, nachdem sie jahrelang fiebernde Soldaten mit Absinth behandelt hatten, »starken Einfluß auf das zentrale Nervensystem ausübt, Delirien und Halluzinationen hervorruft und in manchen Fällen zu Schwachsinn geführt hat« (Quelle: *Encyclopedia Britannica*). Die sehr gesunden Nachfahren des Absinthes werden mit Aniskraut oder -saat aromatisiert. Das Ergebnis erinnert mich stets und gar nicht unangenehm an die Hustensäfte meiner Kindheit, was daher rührt, daß diese ebenfalls mit Anis gewürzt waren, wobei Opium, Kampfer und Benzoesäure allerdings auch eine Rolle spielten, und vielleicht liegt es eben daran, daß ich hier so ins Schwärmen gerate. Wie dem auch sei: Falls ein Rezept nach Absinth verlangt – vermutlich weil der

---

* Zum Zeitpunkt der Veröffentlichung von *On Drink* (1972) war Absinth in den meisten europäischen Ländern verboten, in England war der Verkauf jedoch weiterhin erlaubt. Seit 1998 ist Absinth in der Europäischen Union wieder legal erhältlich (A. d. Ü.).

Verfasser unwissend war oder zu faul, um die Zutatenliste abzuändern –, nehmen Sie statt dessen Pernod oder Ricard.

Apropos: Was ist dann eigentlich mit Wermut? Der wird oder wurde doch auch mit Wermutkraut aromatisiert. Das Wort »Wermut« oder »Vermouth« entstand angeblich bei dem Versuch der Franzosen oder Deutschen, das englische Wormwood auszusprechen. Kann es angehen, daß man sich nach einigen Martinis nur deshalb zum Affen macht, weil das Wermutkraut im Wermut einen dazu treibt? Aber nein. Das liegt am Alkohol. (Und ich denke mal, daß es im Absinth ebenfalls der Alkohol war, der zu den unschönen Nebenwirkungen geführt hat, als man Absinth noch für ein Wundermittel hielt.)

7. Eine Flasche Orangenbitter. Aber in vernünftiger Größe. Die Handtaschenformate à la Angostura lassen Sie besser stehen.

8. Eine Flasche Grenadine. Eine Art Granatapfelsirup ohne Alkohol, tolle Farbe, seltsamer Geschmack. Nach all den Jahren weiß ich immer noch nicht, ob ich ihn mag oder nicht. Er wird aber für ziemlich viele Rezepte gebraucht.

9. Eine Flasche Zuckersirup. Standardelement in vielen Büchern über Mixgetränke. Es lohnt sich, wenn Sie hiervon stets etwas vorrätig haben, beispielsweise, wenn es darum geht, meinen Normandy oder meinen Old-Fashioned in größeren Mengen anzurühren. Sie können Zuckersirup sehr leicht selbst herstellen:

Genehmigen Sie sich einen anständigen Drink und stellen Sie einen zweiten bereit, um die Zubereitung kurzweilig zu gestalten. Ein Pfund Streu- oder Würfelzucker in einem halben Liter Wasser aufkochen, fünf Minuten kochen lassen. Wenn die Mischung abgekühlt ist, in eine leere (ausgespülte) Schnapsflasche füllen. Das *Constanze Spry Cookery Book* empfiehlt, zudem noch einen Teelöffel flüssiger Glukose zur Mischung aus Wasser und Zucker zu geben, um ein nachträgliches Kristallisieren des Zukkers zu verhindern.

Bedenken Sie hierbei, daß Sie mit einer der klebrigsten aller Substanzen hantieren werden, und wählen Sie die dafür in Frage kommende Arbeitsfläche mit Bedacht. Am besten decken Sie vor dem Umschütten alles in Reichweite mit alten Zeitungen ab. Aus demselben Grund sollten Sie den Hals der Flasche mit den Streifen eines Flanell- oder ähnlichen Stoffs umwickeln, um darin herunterlaufende Sirupreste aufzufangen – der Flaschenhals sollte lang genug dafür sein. Oder fertigen Sie eine Halskrause aus einem dieser Kunststoffschwämme, die während des Trocknens hart werden. Mit dieser Flaschenfüllung haben Sie auf Monate vorgesorgt, und Sie werden sich oft auf die Schulter klopfen können angesichts Ihrer Voraussicht und Klugheit.

Wer mit Gewichtsproblemen kämpft, kann sowohl Zeit wie auch Kalorien dadurch einsparen, daß er anstelle des Zuckersirups einen flüssigen Süßstoff verwendet, wobei die Mengenangaben durch geduldiges Probieren neu bestimmt werden müßten. Dadurch entsteht natürlich ein Problem aromatischer Natur, wobei man nicht aus den Augen verlieren darf, daß der Süßstoff hier eine Mischung verschiedener Geschmacksrichtungen süßt, die weitaus aufdringlicher ist als beispielsweise Kaffee oder Tee. Muß jeder selbst wissen.

Anmerkung Ich nehme an, Ihnen ist klar, daß die oben beschriebene Grundausstattung noch nicht ausreicht, um Ihren Gin, Wodka, Whisky, Rum, Weinbrand et cetera zu ergänzen. Sie brauchen obendrein natürlich noch französische und italienische Wermutsorten, Campari, Angostura, Tonic Water und was sonst noch fehlt. Aber ich gehe davon aus, daß Sie das alles ohnehin im Haus haben.

Freiheit und Whisky gehören zusammen! – ROBERT BURNS

Weinsnob – ein Mann oder eine Frau, die Etikett und Preise schlürfen, wie andere den Wein. – OLOF WIJK

Pförtner. ... der Trunk ist ein großer Beförderer von drei Dingen.
Macduff. Was sind denn das für drei Dinge, die der Trunk vorzüglich befördert?
Pförtner. Ei, Herr, rote Nasen, Schlaf und Harndrang. Buhlerei befördert und dämpft er zugleich; er befördert das Verlangen und dämpft das Streben. Darum kann man sagen, daß vieles Trinken ein Zweideutler gegen die Buhlerei ist: es schafft sie und vernichtet sie, treibt sie an und hält sie zurück, macht ihr Mut und schreckt sie ab, heißt sie sich brav halten und nicht brav halten, zweideutelt sie zuletzt in Schlaf, straft sie Lügen und geht davon.
WILLIAM SHAKESPEARE, *Macbeth*

Wer Biernes trinkt, Bierernstes denkt. – WASHINGTON IRVING

Spontane Weingedanken

Satte Farbe und zerklüftetes Bouquet. Er ist eher Verwirr-spiel als Wein. Zunächst schießt seine Fruchtigkeit durch, dann Entschlossenheit; darunter dominiert der reiche Kör-per. Wenn er sich erst einmal gemäßigt und gesetzt hat, wird er so schmackhaft und schmiegsam wie der 1961er Nuits-St-Georges sein.

Dinge wie dieser unverändert übernommene Auszug aus einer Weinzeitschrift haben das Zeug bei vielen Leuten in Verruf gebracht, die Wein genießen würden, wenn man sie die Sache ernsthaft angehen ließe. Um das ein für alle Mal klarzustellen: Wer von zerklüfteten Bouquets und so weiter faselt, wird von echten Weinkennern noch herz-hafter und fundierter verachtet als vom kleinen Mann in der Kneipe. Bevor ich mich um einen positiven Zugang zum Thema bemühe, lassen Sie mich noch detailliert be-schreiben, nicht etwa was Sie tun sollten, wenn Sie Ihren Gästen Wein servieren, sondern was Sie statt dessen fast immer tun (wenn Sie ähnlich drauf sind wie ich):

1. Stellen Sie fest, daß die Gäste in einer Stunde vor der Tür stehen werden und daß Sie das verdammt noch mal nicht ändern können.

2. Stellen Sie auf dem Weg in den Keller, oder wo auch sonst Sie das Zeug aufbewahren, fest, daß der zum Roast-beef vorgesehene Rotwein ohne Ihre Hilfe nicht mehr auch nur annähernd Zimmertemperatur erreichen wird.

3. Stellen Sie beim Griff nach den fraglichen Flaschen fest, daß Sie diesem Wein seit seiner Anlieferung nicht

genügend Ruhezeit gegönnt haben und daß Sie vor sechs Wochen – oder, wenn es ein Hochgenuß werden soll, vor zehn Jahren – hätten entscheiden müssen, welchen Wein Sie heute abend servieren wollen.

4. Murmeln Sie etwas in der Art von »Können froh sein, daß sie überhaupt was kriegen«, packen Sie ein paar Flaschen und tragen Sie sie in die Küche.

5. Entfernen Sie nun die Folien von den Flaschenhälsen. (Seit die Weingüter aus Kostengründen auf den Faden in den Folien verzichten, ähnelt diese Aufgabe dem Versuch, Nagellack mit Hilfe eines Fischmessers zu entfernen.)

6. Suchen Sie den Korkenzieher.

7. Nachdem Sie den Korkenzieher gefunden haben (was ich doch stark hoffen will), entfernen Sie den alten Korken, den jemand darin hinterlassen hat, und öffnen Sie die Flaschen.

8. Suchen Sie etwas, womit Sie den Schmier und Dreck von den Flaschenhälsen wischen können, und wischen Sie es ab.

9. Beschließen Sie, daß es zwar jeder Trottel merkt, wenn ein Wein kalt ist, und heute nahezu jeder Trottel weiß, daß Rotwein nicht kalt sein darf, aber kaum einer ein Glas guten Rotwein von einem schlechten unterscheiden kann, und stellen Sie die Flaschen in einen Topf mit warmem Wasser.

10. Verbringen Sie die nächsten eineinhalb Stunden damit, sich zu fragen, ob das alte Sackgesicht, das dafür bekannt ist, ein paar Weine voneinander unterscheiden zu können, anprangern wird, daß Sie jegliche Quali-

tät des Zeugs ausgekocht haben, oder ob er still vor sich hin leiden wird. Fragen Sie sich außerdem, ob die anderen einen Médoc aus dem Vorjahr beleidigend jung finden und ob Sie noch eine Flasche hochholen sollen für den unwahrscheinlichen Fall, daß sie verputzen, was Sie für den Verlauf des Essens »vorbereitet« haben, und ob Sie diese eben auch im Wasserbad zu Tode simmern oder aber darauf setzen sollten, daß sie entweder zu betrunken sind zu bemerken oder zu höflich zu erwähnen, daß er kalt ist, und derlei Fragen mehr.

11. Selbst wenn Sie dazu kommen, zwischendurch einen Schluck zu trinken, genießen Sie ihn nicht.

Lassen Sie mich zum direkten Vergleich kurz die Prozedur schildern, falls man Bier serviert:

1. Machen Sie keinen Handstreich, bevor es ans Hinsetzen geht, außer kurz sicherzustellen, daß genug da ist.

2. Fragen Sie bei Tisch: »Will einer kein Bier?«

3. Ziehen Sie nun die Anzahl der sich Meldenden von der Gesamtzahl aller Anwesenden ab.

4. Holen Sie dann aus Speisekammer oder Kühlschrank je eine Dose Bier für die betreffenden Personen herbei, ziehen Sie die Verschlußlasche ab und schenken Sie ruhigen Gewissens ein, da das Zeug mit Sicherheit in Ordnung sein wird.

5. Verkünden Sie nun: »Wer noch ein Bier möchte, sagt Bescheid.«

Eine Sparversion der Bier-zum-Essen-Prozedur läuft so:

1. Stellen Sie fünf Minuten, bevor alle »rein« gehen, auf jeden Platz eine Dose Bier.

2. Lassen Sie die Freaks ihre Dosen selbst öffnen und sich einschenken.

Keine Frage: Wein macht *eine Menge Ärger,* denn er erfordert Engagement und ein vorausschauendes Wesen. Der Behauptung, daß der beste Wein noch um einiges besser ist als das allerbeste Bier, stimme ich (falls solche Vergleiche überhaupt seriös sind) rückhaltlos zu. Aber viele andere eben auch nicht, zumindest nicht, wenn man unter sich ist. Und noch mehr Leute werden Sie flüsternd dafür loben, daß Sie ihnen ein ordentliches Worthington oder ein Double Diamond gegeben haben anstelle dessen, was ihnen nur allzuoft kredenzt wird: rotgefärbter Algerier mit französischem Etikett. Hier offenbart sich die Kehrseite des Wein-gegen-Bier-Vergleichs: Eine große Menge Bier ist wahrscheinlich besser als eine große Menge Wein. Hierzulande jedenfalls.

Wer sich diese Ansichten zu eigen macht, befindet sich in einer schwierigen Position. Der Pro-Wein-Druck auf diejenigen, die es sich überhaupt leisten können zu trinken, ist enorm und nimmt ständig zu. Wer aber seinen Gästen Bier anbietet anstelle von Wein (es sei denn, es gibt einen indischen Currytopf, skandinavische kalte Platte, Rühreier mit Speck oder ähnliches), versündigt sich nicht nur am Zeitgeist, sondern auch an altbewährten Gepflogenheiten. Es wirkt – und in Einzelfällen ist es das auch tatsächlich– nachlässig und geizig. Schlimmer noch, es könnte auch aufgesetzt wirken. Wie eine antrainierte Antihaltung, die quasi besagen soll: »Hier haste 'ne Flasche Bier, sei froh drüber. War gut genug für Paps, abends nach dem Bergwerk, und für Mama, wenn sie aus der Fabrik kam« – eine Haltung, die vor allem unter gutsituierten Sozialdemokraten populär geworden ist, für unsereins aber undenkbar. Und zu guter Letzt: Mit jedem heimlichen Biertrinker, den Sie auf diese Art glücklich machen, enttäuschen Sie einen bekennenden Weinliebhaber. Kann sein, daß er Château d'Yquem und Chablis nicht auseinanderhalten kann, kann ebensogut sein, daß er sich ganz einfach bloß zu fein ist, Bier zu trinken, aber trotzdem, wir folgen dem altgedienten Grundsatz: Wenn er meint, er mag Wein, dann mag er Wein. Was soll man da machen?

Zu Beginn hatte ich festgestellt, daß es unmöglich sein wird, den Gästen anständige Drinks anzubieten, ohne sich eine Menge Arbeit zu machen. Gut, die Arbeit, die Wein mit sich bringt, ist besonders mühselig, und sie unterscheidet sich auch stark von jener, die die Zubereitung von, sagen wir, Martinis macht, weil nämlich die harte Arbeit am Martini auch garantiert einen anständigen Martini hervorbringt, wohingegen beim Wein oft die ganze Mühe für die Katz gewesen sein kann. Und trotzdem müssen wir uns eben weiterhin mit dem Zeug abquälen, wobei wir unser Unbehagen ab und an durch einen unqualifizierten Ausbruch erleichtern dürfen, wie er auch am Anfang dieses Kapitels zu finden war. Zum Ausgleich habe ich folgendes ausgearbeitet:

Brevier des Weinbanausen

1. Sagen Sie sich immer wieder, daß gute und ordentlich servierte Bordeaux-Weine und rote Burgunder die
hervorragendsten Getränke sind, die der Mensch je erfunden hat (was ja auch stimmt). (Bis heute hat sich mir
freilich nie die Gelegenheit geboten, zum Beispiel Kumiß
zu kosten, ein Getränk, das die nomadisierenden Tataren
aus vergorener Esels- oder Kamelmilch gewinnen. Aber
ich glaube auch nicht, daß Kumiß so gut wie französi-
scher Rotwein schmeckt. Und schon gar nicht besser!)

2. Trinken Sie immer Wein – es sei denn, es gibt Currytopf oder dergleichen –, wenn Sie im Restaurant essen
oder bei Freunden eingeladen sind. Sie könnten etwas
dazulernen (siehe Punkt 4).

3. Zu Hause sollten Sie Weißwein den Vorzug geben,
wann immer die Speisenfolge es zulässig erscheinen läßt.
Bei Weißwein muß man lediglich beachten, daß er kalt
genug ist, aber nicht zu kalt (eine Stunde im Kühlschrank
genügt), und es bleiben Ihnen diese schrecklichen Mo-
mente erspart, in denen Ihnen einfällt, daß Sie ihn schon
vor drei Stunden hätten öffnen müssen. Ich rate Ihnen,
sich an Weine von Rhein und Mosel zu halten, sie kommen immer an, und vermeiden Sie weißen Burgunder, den
einige gerne zu allem trinken, andere wiederum zu trok-
ken finden; und zwar egal, wie sehr Sie sonst auch dem
Aberglauben des »Zu trocken gibt's nicht« anhängig sein
mögen. Mit »Erinnert stark an eine Mischung von kalter Kalkbrühe und Alaunlikör mit einem kleinen Zusatz,
der dem Ganzen die Farbe von Kinderpipi verleiht« be-

schrieb einmal, höchstwahrscheinlich aus Starrsinn, eine meiner Romanfiguren den gemeinen weißen Burgunder[*].

4. Schauen Sie sich nach einem Weinhändler um, der weiß, wovon er spricht. Damit meine ich nicht etwa einen vertrauenswürdigen, der Ihnen stets wohlschmeckende Weine zu angemessenen Preisen verkauft; das machen sie nämlich alle; ich habe zumindest bis heute noch nichts von einem vertrauensunwürdigen Weinhändler gehört. Was Sie brauchen, ist ein ausgebildeter, erfahrener, fleißiger Mann, der nicht nur gerne selbst einen guten Wein trinkt, sondern der gerne selbst jede Menge Wein trinkt. In anderen Worten: ein Weinhändler, *der weiß, wovon er spricht.* Wie Sie den finden, ist eine andere Sache. Schauen Sie sich in den kleineren Häusern um, wo man Wert darauf legt, den Kunden und seine geschmacklichen Präferenzen genau kennenzulernen. Erkundigen Sie sich im Freundeskreis. Schnappen Sie sich einen befreundeten Weinbanausen und klappern Sie das Branchenbuch ab.

5. Wenn Sie Ihren Mann gefunden haben, vertrauen Sie ihm. Fragen Sie ihn nach einem anständigen Roten, den Sie alleine genießen und, ohne sich dafür zu schämen, Ihren Gästen auftischen können. Heutzutage kostet Sie das in etwa ein Pfund pro Flasche. Finden Sie sich damit ab. Erkundigen Sie sich auch nach einem Wein zum Verwöhnen, für Jahrestage und falls das alte Sack-

---

[*] Weißer Burgunder oder Chardonnay hatte zu Amis' Zeiten noch einen zweifelhaften Ruf, den er mittlerweile allerdings abgelegt hat (A.d.R.).

gesicht zum Abendessen kommt. So einer kostet 3 Pfund die Flasche. Finden Sie sich *damit* ab. Es gibt natürlich auch Flaschen, die nur 2 Pfund kosten, und hören Sie da genau zu, was Ihr neuer Kumpel wohl von ihnen hält. Seine Ratschläge bezüglich der Weine von Rhein und Mosel nehmen Sie bitte ebenfalls zur Kenntnis, aber halten Sie sich die Ohren zu, wenn er das Loblied vom weißen Burgunder anstimmt.

6. Beißen Sie die Zähne zusammen und absolvieren Sie so gut es geht das Ruhen-lassen-, Zur-rechten-Zeit-aus-dem Keller-holen-, Lange-genug-vor-dem-Servieren-öffnen-Brimborium. Es stimmt wirklich, daß es einen Unterschied macht. Aber behalten Sie dabei bloß im Hinterkopf:

UG 8: *Sorgfältige Vorbereitungen werden aus einem armseligen Wein allenfalls einen erträglichen, und aus einem sehr guten einen ausgezeichneten machen. Wenn Sie da knausern, wird aus einem ziemlich guten einer, der in Ordnung ist, und aus einem überragenden wird ein nur verdammt guter. Das ist der ganze Unterschied, den das macht. Viel wichtiger hingegen ist der Ladenpreis, der normalerweise einen verläßlichen Gradmesser für die Qualität eines Weines abgibt. Trotz alledem*

werden Sie feststellen, daß Sie, sobald Sie überzeugt sind, etwas zumindest einigermaßen Trinkbares zu servieren, um so mehr darauf bedacht sein werden, es zu verbessern, indem Sie den Aufwand erhöhen.

7. Fahren Sie Ihrem Weinhändler unerbittlich über den Mund, sobald er, sicherlich mit allerbesten Absichten, versucht, Sie zu einer guten Sache – oder zu einer, die er für gut hält – zu bekehren, und Ihnen empfiehlt, »für den Keller zu kaufen«. Zwar stimmt es, grob gesagt, daß Wein mit den Jahren immer besser und wertvoller wird und daß man sich eine Menge Geld und Ärger sparen kann, wenn man dafür sorgt, daß der Wein nach und nicht vor dem Kauf altert. Aber der Slogan »Jetzt bezahlen, in 12 Jahren trinken« kommt mir – und mir wahrscheinlich mehr als den meisten anderen, aber mir schon mal auf jeden Fall – gräßlich deprimierend vor. (Aus dieser Geisteshaltung heraus wird hier auch jedes Vorhaben, Bier, Honigwein, Holunderwein et cetera selbst herzustellen, aufgegeben. Sie sollten allerdings bereit sein, wie verrückt das ebenfalls selbstgemachte Gebräu *von anderen* herunterzukippen. Das meiste schmeckt nämlich erstaunlich gut! »Mit einem Korken verschließen und 18 Monate reifen lassen«, wird in den Büchern enthusiastisch verkündet, wohingegen es einem wahren Trinker schon schwerfallen dürfte, bedeutend länger als 18 Minuten abzuwarten.) Kratzen Sie Ihre 1 bis 3 Pfund zusammen und schauen Sie dabei so gelöst wie möglich aus. Fühlen Sie sich am besten auch so. Das Leben ist zu kurz.

8. Halten Sie einen großzügig bemessenen Vorrat an Hell- und Dunkelbieren, Apfelwein, die härteren Sachen nicht zu vergessen, bereit, damit Sie sich jederzeit erden können, falls Ihnen der ganze Zirkus mit dem Wein doch zuviel wird.

Wenn alles stimmt, was ich mir denk',
Greift aus fünf Gründen man zum Getränk.
Der Wein ist gut – ein Freund ist da
Man ist zu nüchtern,
Oder es ist halt einfach schon lang her –
Und selbst aus andern Gründen fällt's nicht schwer.
HENRY ALDRICH

Für Burschen, die das Denken plagt,
ist Ale ein Stoff, der nie versagt.
Erst wenn du in den Zinnkrug siehst,
schaust du die Welt, wie sie nicht ist.
A. E. HOUSMAN

Wenn ich mich einmal auf ewig bind',
Dann nähm ich wohl eines Wirtes Kind.
Ich sitz dann täglich dort bis spät noch am Tresen
Und trink' kalten Weinbrand mit Wasser, als sei nichts gewesen.
CHARLES LAMB

Mein Gott, ich wünschte mir, daß ich so aus Ton gemacht
wie jetzt aus Geblüt, Gebein, Gewebe, Leidenschaft und Fühlen;
Dann wär das Gestern ganz weit fort,
Und auch die Zukunft – aber ich schweife ab.
Habe mich heute ausufernd betrunken
Und sehe mich gerade von der Decke herabsteigen.
Ich sage also, die Zukunft ist ernst;
Aber nun, in Gottes Namen, Rieslingsschorlen!
LORD BYRON

77

Tiefer gehende Weingedanken*

Für all diejenigen, deren Neugierde im vorigen Kapitel noch nicht vollends gestillt wurde.

1. Entschließen Sie sich, in rauhen Mengen Wein zu trinken. Damit verlange ich von Ihnen nicht unbedingt, daß Sie drei Flaschen Bordeaux des besten Jahrgangs zu Ihrem täglichen Quantum hinzufügen sollen, aber selbst bei übermäßigem Genuß sind die Kurz- und Spätfolgen von Wein weitaus harmloser als die eines vergleichbaren Exzesses mit harten Sachen oder verstärkten Weinen (Sherry, Port). Falls Sie nicht unermeßlich reich sind, und in diesem Fall sähen Sie sich gar nicht genötigt, diese Zeilen zu lesen, sollten Sie die preiswerten Tafelweine aus Portugal, Spanien, Frankreich und Österreich probieren. Sie werden unter verschiedenen Handelsmarken in Umlauf gebracht. In die Komposition ihrer Geschmacksnoten wird viel Sorgfalt investiert, um sicherzustellen, daß sie immer gleich gut munden, außerdem eignen sie sich ideal als Ausgangsbasis für wagemutigere Exkursionen zu den einzelnen Jahrgängen. Probieren Sie dieses und jenes, bis Sie einen Wein gefunden haben, der Ihnen richtig schmeckt. Aber hören Sie danach nicht auf, dieses und jenes zu probieren.

2. Nehmen Sie die Schützlinge Ihres Händlers unter die Lupe. Er soll Ihnen daraus eine gemischte Kiste zu-

---

* Dieses Kapitel ist ebenso wie die zwei folgenden unter Mithilfe meines Freundes Christopher Leaver zustande gekommen.

sammenstellen. Jeweils zwei Flaschen von sechs unterschiedlichen Weinen ist sinnvoller als jeweils nur eine von einem Dutzend Sorten. Und erklären Sie ihm, was Sie gerne trinken – trocken oder lieblich, leicht oder schwer, billig oder nicht ganz so sehr. Diese Weinproben können Sie nach Belieben auch häufiger durchführen.

3. Treten Sie einem Weinverein bei. Sie schießen wie Pilze aus dem Boden; wahrscheinlich auch in Ihrer Nachbarschaft; zur Not lassen Sie sich einen vom Weinhändler empfehlen. Wahrscheinlich steht sogar an einer Volkshochschule in Ihrer Nähe ein Weinkurs auf dem Lehrplan.

4. Dem Prinzip folgend, daß man nicht selbst erledigen sollte, wofür man jemanden bezahlt, sollten Sie die Kellner prüfen, wann immer Sie in einem Restaurant sind. Gehen Sie vor wie folgt: Trägt der Mann ein kleines silbernes Abzeichen an seinem Revers, ist er Mitglied der Sommelier-Gilde, und es sieht gut aus für Sie. Wenn er sich aber, nach seiner Empfehlung gefragt, nicht dafür zu interessieren scheint, was Sie essen, oder die Weine nur mit ihren Nummern benennt, wünschen Sie ihn, nach Belieben insgeheim oder auch laut, zur Hölle. Wenn Sie ihn bitten, er möge Ihnen eine Flasche vom 66er Pommard bringen, und er in die Karte kiebitzt, um zu sagen »Oha, Nummer 65: eine gute Wahl«, kann es sich nur um einen Betrüger handeln, da er soeben verraten hat, daß er nicht einmal den Weg durch seinen Keller findet und von den dort lagernden Flaschen so gut wie nichts versteht. Falls er aber die ersten Klippen Ihres Testverfahrens zu nehmen versteht und Sie in toleranter und anspruchsloser

Stimmung sind, lassen Sie sich von ihm durch den Abend führen. Wenn er Ihnen dann aber etwas bringt, was Sie überteuert oder allzu gewöhnungsbedürftig finden, sagen Sie es ihm ruhig und *fordern Sie ihn auf, doch selbst zu probieren.* Selbst wenn er daraufhin geradezu beschwören möchte, daß es sich doch um einen Spitzentropfen handelt, wird ihm der kleine Wink einen Dämpfer verpassen, und er wird sich das nächste Mal – wer weiß? – ein bißchen mehr ins Zeug legen. Wer sich das ganze Getue und Gestreite sparen will, bestellt einfach eine Karaffe Hauswein, rot oder weiß. Der nämlich wird sich zumindest immer als trinkbar erweisen, und das Preis-Leistungs-Verhältnis stimmt ebenfalls, da die Geschäftsleitung die Qualität verläßlich und den Preis niedrig halten muß. Und falls Sie dem Weinkellner eine Lektion erteilen wollen, machen Sie es natürlich so, daß Sie die Karte ausführlich studieren, um sie ihm dann mit einem nachsichtigen Kopfschütteln zurückzugeben – verbunden mit Ihrer Bestellung einer Karaffe vom Hauswein. Damit geben Sie ihm deutlich zu verstehen, daß Sie nichts Ihren Gewohnheiten Entsprechendes finden konnten – was schon mal vorkommen kann – oder aber daß Sie die Weinkarte überteuert finden – was wahrscheinlich ist.

5. Nehmen Sie sich die Ratschläge der Weinhändler, Weinvereine, Weinkellner, ja sogar Weinjournalisten zu Herzen, aber vergessen Sie nie, daß es letztendlich nur darum geht, was Ihnen schmeckt. Wie der Rechtsanwalt seine Mandanten mit seinem abstrusen Jursprech einlullt – wußten Sie, daß jeder eine Eigentumsübertragung durchführen kann, also ganz legal Eigentum von sich auf

einen anderen transferieren? –, so stehen auch den sogenannten Weinkennern, den selbsternannten Experten wie auch den eifersüchtigen Weinhändlern (es gibt sie wirklich) Wege und Mittel zur Verfügung, Sie stets von neuem davon zu überzeugen, daß Sie sich, auf sich allein gestellt, im Labyrinth der Weine verirren werden. Das ist, um es mal höflich auszudrücken, nichts als plumpe Bangemacherei. Natürlich entscheiden Sie allein, was Sie trinken wollen und wieviel Sie das kosten darf. Einem Schneider würden Sie es doch auch nicht durchgehen lassen, wenn er Ihnen einreden will, daß Ihnen eine Hose, die ein paar Zentimeter unterhalb des Knies endet, ganz vortrefflich steht; mit Wein darf es nicht anders sein: Lassen Sie sich von niemandem einreden, was korrekt ist oder was Ihnen schmecken sollte oder was zu Ihnen paßt. Genauer:

(a) Trinken Sie doch bitte zum Essen, was Sie wollen. In der Praxis wird es sich schon herausstellen, daß ein schwerer Burgunder den Geschmack von Austern eher erschlägt (obwohl meine Frau gerne Bordeaux dazu trinkt) oder daß ein Rheinwein den kürzeren zieht gegen ein Pfeffersteak. Aber was spricht eigentlich gegen Rotwein zum Hühnchen? Gegen einen jüngeren Bordeaux zur Seezunge? Der Auf-keinen-Fall-geht-Roter-zum-Fisch-Aberglaube ist tief verwurzelt und weit verbreitet, das geht sogar so weit, daß James Bond in *Liebesgrüße aus Moskau* den im Orient-Expreß mitreisenden Killer scherzhaft, aber ohne weitere Ausführungen daran erkannt haben will, daß dieser im Speisewagen genau diesen Fauxpas begangen hat. Woraus er ja eigentlich nur hätte folgern dürfen, soeben einem Freigeist begegnet zu sein. Ich für meinen Teil bestelle mir fröhlich Rotwein zum Fisch, und die Tatsache, daß ich sogar noch fröhlicher Weine von Rhein oder Mosel oder gleich aus dem Elsaß zum Fisch trinke, rührt einfach daher, daß ich ein besonderer Liebhaber dieser Weine bin. Ich habe einmal von einem Paar aus dem Norden Englands gelesen, das sich zum gegrillten Steinbutt eine Flasche Crème de Menthe (ich hoffe, es war nur eine Halbliterflasche) gegönnt hat – die beiden sollten uns Inspiration, wenn nicht sogar ein echtes Vorbild sein. Wie dem auch sei: Was spricht dagegen, zuerst einen Wein auszusuchen, von dem man weiß, daß man ihn mag, und dann die Mahlzeit um ihn herumzukonstruieren?

(b) Jahrgänge – Bleiben Sie mir damit fort! Beim Großteil des Schwachsinns, der über Weine erzählt wird, geht es eben darum. »Je älter, desto besser«, lautet dann eine der Pseudoregeln. Und bei einem übersichtlichen Kreis von auf dem Weingut abgefüllten Bordeauxweinen, speziell bei den sogenannten »Großen Gewächsen«, bewahrheitet sie sich auch. Hierbei handelt es sich übrigens mehr um einen technischen Fachausdruck als um versnobten Weinsprech, aber ich kann ihn hier auch nicht näher erläutern; sprechen Sie nächstes Mal einfach Ihren Weinhändler darauf an oder schlagen Sie in Ihrem Weinlexikon nach. Es gibt Reiche, die nichts anderes trinken als Premier Cru, um ihren Gästen zu zeigen, wie perfekt sie sich in der Kultur des Weintrinkens bewegen können (und wie unermeßlich reich sie sind). Selbstverständlich sind das tolle Weine, aber trotzdem verpassen diese Männer auch etwas – wie ich weiter unten ausführen werde. Und alter Wein an sich muß nicht unbedingt etwas Gutes sein; inzwischen kann er umgeschlagen haben, oder aber er war schon immer schlecht, egal, wie hoch er in der doofen Jahrgangstabelle oder -liste eingeschätzt wird. Werfen Sie die Tabelle am besten weg oder verwahren Sie sie in einer Schublade, bis Sie das Weinhandwerk ein wenig besser beherrschen und die Tabelle nutzen können, um mit ihrer Hilfe die Schnäppchen eines »schlechten« Jahrgangs aufzuspüren.

6. Noch ein paar Warnungen: Hüten Sie sich vor seltsam geformten oder sonstwie originellen Flaschen. Hier zahlt man immer für die Verpackung, der Inhalt ist den Preis nicht wert. Ich will nicht über Mateus Rosé lästern, es handelt sich um einen angenehm zu trinkenden Wein; zudem noch um einen, mit dem die meisten Jugendlichen erste Weinerfahrungen sammeln durften, aber sein Erfolg wie auch der Ladenpreis wurden wesentlich durch die Kunst der Glasdesigner bestimmt. Fernhalten sollte man sich außerdem von Pseudochampagnern, die oft als Schaumwein etikettiert werden. Nichts anderes als der Tod in Flaschen. (Jedenfalls ist das Leavers Ansicht; Amis hingegen ist dem roten Schaumwein nicht abgeneigt. Zwar gibt er zu, das dazu passende Essen noch nicht gefunden zu haben, aber eine halbe Flasche davon gibt einen – darf man es so nennen? – interessanten Aperitif ab, und vorausgesetzt, Sie haben die Situation im Griff, können Sie, indem Sie ihn bestellen oder sogar ganz offensichtlich genießen, einen von sich als Weinkenner überzeugten Tischgenossen vom Glauben abfallen

lassen. Ganz eindeutig handelt es sich dabei um das pro-
letenhafteste Getränk überhaupt.)

Ein Humpen gut' Getränke
Stillt schneller ein Gezänke,
Als Pfaff' und Richterbänke.
RICHARD BRINSLEY SHERIDAN

Pferd und Esel leben 30 Jahr
Und wissen nichts von Wein und Bier,
Ziege und Schaf werden gute 20,
Keinen Whisky kriegen die armen Tier',
Die Kuh trinkt Wasser, soviel nur geht,
Was oft heißt: mit 18 ist's zu spät.
Den Hund erwischt's mit 15 Lenz',
Und das trotz strenger Abstinenz.
Die Katze pumpt mit Milch und Wasser sich auf,
Hilft nichts: nach zwölfen geht sie drauf.
Das gute, brave, nüchterne Huhn
Liefert Eier zum Punsch, nach 10 Jahren ist die Zeit um.
Kein Tier rührt einen Tropfen an,
Sie leben fromm und sterben dann.
Aber sündig süffelnde und trunkene Herrn
Leben fünf Dutzend Jahre und mehr,
Und einige, sehr viele sind's nicht,
Leben abgefüllt bis 92.
ANONYM, zitiert in *Verse and Worse* von Arnold Silcock

Beim Weinkauf zu beachten

Geht es darum, einen Wein auszusuchen, ob nun von einer Preisliste beim Händler oder in einem Restaurant, läßt man sich nur allzuleicht vom Klang bekannter Namen verführen. Die Namen wären nicht bekannt, stünden dahinter nicht lange Erfolgsgeschichten; dieser Erfolg aber treibt die Preise nach oben, und es gibt unbekannte Namen, die durchaus gute Qualität zu fairen Preisen bieten. Soweit es den häuslichen Bedarf anbelangt, genügt das Zutrauen in die Empfehlungen Ihres Weinhändlers, um sich mit dieser guten Qualität zu fairen Preisen, obendrein noch abwechslungsreich, einzudecken. Im Restaurant hingegen ist es eine gute Taktik, alle Namen, Marken und Jahrgänge zu vergessen und statt dessen einen Wein zu wählen, der von einem Exporteur geliefert wird, mit dem Sie bereits gute Erfahrungen gesammelt haben. Hiermit wären wir bei einem Punkt von immenser Bedeutung angelangt.

Zwei Flaschen Wein desselben Jahrgangs und aus demselben Anbaugebiet müssen nicht unbedingt ähnlich schmecken. Diesseits und jenseits der Straße kann der Boden völlig verschieden sein; die Reben am Südhang bekommen mehr Sonne ab als die auf der Nordseite desselben Berges; vielleicht wendet Monsieur Crapaud andere Methoden an als Monsieur Grenouille. Besonders innerhalb eines weiträumigen Anbaugebietes wie Beaune im Burgund wird das deutlich. Die Arbeitsweisen der Exporteure unterscheiden sich ebenfalls. Eine sehr bekannte Firma läßt ihren Meursault (üblicherweise ein weißer

Burgunder aus einer Gemeinde von Beaune) drei Jahre in Fässern reifen, bevor sie ihn auf Flaschen zieht; andere füllen nach zwei oder gerade mal einem Jahr ab. Hier schlägt die Stunde Ihres Weinhändlers: Selbstverständlich sind ihm die unterschiedlichen Gepflogenheiten der Exporteure vertraut, und er wird Sie zu der (den) Ihrem Geschmack entsprechenden Sorte(n) führen. (Die einfachen Angestellten des Händlers sind für eine solche Aufgabe oft noch ungeeignet, obwohl ihr Weinwissen beständig zunimmt.) Schlußendlich sollten Sie keine Angst vor Hausweinen ohne Jahrgang haben, den *vins ordinaires*, die oftmals nur als Bordeaux (oder ähnlich) etikettiert sind. Oft, nein: fast immer sind diese nämlich besser als ganz in Ordnung, und das Preis-Leistungs-Verhältnis ist exzellent.

Wenden wir uns nun den verschiedenen Anbaugebieten zu.

1. BORDEAUX. Rotweine. Hier muß man sich unter ein paar hundert Namen zurechtfinden, falls man das Gefühl hat, man muß überhaupt. Diejenigen Namen, die auch Ihnen ein Begriff sind, haben gewissermaßen eine Garantie auf Trinkbarkeit zu bieten: Heutzutage können die berühmten Châteaux durch spezielle Mischungen mit jedem neuen Jahr einen Spitzenjahrgang präsentieren, und darüber hinaus wird peinlich genau darauf geachtet, daß unter dem großen Namen kein Ausschuß auf den Markt kommt. Gerade der große Name aber muß, wie vorhin bereits angedeutet, durch einen erhöhten Ver-

kaufspreis abgegolten werden. Um für Ihr Geld noch mehr zu bekommen, sollten Sie nach den folgenden drei Herkunftsregionen Ausschau halten: Côtes de Bourg, Côtes de Blaye und Côtes de Fronsac. Es wird von dort nur junge Jahrgänge geben, aber keine Sorge: Das Zeug reift schnell. Im Handel um 75 Pence bis 1 Pfund*. Um etwas halbwegs Gutes à la Médoc oder St Emilion erstehen zu können, müssen Sie Einiges mehr hinlegen.

Weiße – genauer gesagt liebliche Weiße. Diese können sehr preiswert sein. Sauternes und Barsacs ohne Jahrgangsnennung für 80 bis 90 Pence passen hervorragend zu Obst (oder Käse) und sorgen für einen schönen Ausklang des Mahles. Wenn Sie mehr ausgeben können und etwas wirklich Leckeres und Fruchtiges haben wollen, kaufen Sie sich eine Erzeugerabfüllung, erkenntlich am »Abgefüllt auf dem Château«,** wie Château Climens oder Château Rieussec um etwa 1 Pfund 50 und teils noch darunter.

2. BURGUND. Weine, die nach Ortschaften im Burgund benannt sind, wie Pommard, Gevrey-Chambertin, Chambolle Musigny oder Vosne Romanée, werden immer stärker nachgefragt und sind immer seltener zu vernünftigen Preisen zu haben. Mittlerweile ist es fast unmöglich, überhaupt noch Exemplare davon aufzutreiben, es

---

* Die Talfahrt des britischen Pfunds, die Einführung einer Mehrwertsteuer et cetera werden die Getränkepreise nur noch weiter steigen lassen. Ich gebe von daher nur Schätzpreise an.

** In der Weinwelt muß »Château« nicht »Schloß« bedeuten. Oft ist dort nicht mehr als eine Ansammlung von Scheunen zu finden.

sei denn, sie wurden von einem Exporteur des allerhöchsten Ranges, von Ihrem Weinhändler oder, der Königsweg, direkt am Ursprung, auf der *Domaine* – im Burgund heißt Domaine, was sich im Bordeaux Château nennt –, abgefüllt. Die etwas bekannteren Namen wie Nuits St Georges findet man nur noch selten auf den Listen der Händler; die Nachfrage kann längst nicht mehr befriedigt werden, die Preise sind ins Kraut geschossen, und das in jüngster Vergangenheit um sich greifende Strekken (Panschen) hat die Forderung der Weinbauern nur noch verstärkt, daß ihr Erzeugnis direkt vor Ort abgefüllt werden muß, was zu einer zusätzlichen Verknappung des Angebotes und weiterem Preisanstieg führt. Die Lösung besteht in den weniger bekannten Namen wie Givry, Fixin, Mercurey und Monthélie. Alle haben sie bereits im vierten Jahr nach der Ernte ihre Trinkreife erlangt. Generell sollte man weder Weiße noch Rote zu alt werden lassen – zehn Jahre sind zuviel. Und, nochmals: Fangen Sie an, sich die Namen der Exporteure einzuprägen.

Egal, was ich an anderer Stelle behauptet haben mag: Die trockenen weißen Burgunder sind ihr Geld wert, wahrscheinlich sind es sogar die besten Franzosen ihrer Art. Greifen Sie beim Pouilly Fuissé zu, der jung getrunken werden kann und oft für etwas unter einem Pfund zu haben ist. Chablis, Meursault, Puligny Montrachet kosten etwas mehr.

2a. BEAUJOLAIS. (Strenggenommen handelt es sich um eine untergeordnete Region im Burgund, die aber inzwischen wie eine eigenständige Region wahrgenommen und behandelt wird.) Vor leider nicht allzu langer Zeit sagte man noch, daß Franzosen und Engländer gemeinsam pro Jahr in etwa fünfmal soviel Beaujolais vertilgen wie die Region Beaujolais hervorzubringen imstande ist. Ich glaube, oder hoffe zumindest, daß wir, seit dies mehr oder weniger allgemein bekannt wurde und seit die französischen Besatzungstruppen aus Algerien abgezogen wurden, inzwischen wieder echten Beaujolais vorgesetzt bekommen. Wie dem auch sei: Was gegenwärtig Beaujolais heißt, kostet um ein Pfund pro Flasche und darf, wie Bier, in rauhen Mengen getrunken werden und, wie Bier, auch gerne gekühlt und, wie Bier, so kurze Zeit nach der Abfüllung, wie Sie wollen – jedenfalls alles, was Beaujolais oder Beaujolais Villages heißt. Die Sorten Moulin-à-Vent und Morgon müssen ein paar Jahre lang in ihren Flaschen nachreifen. Fleurie, Brouilly und Chiroubles sind auch nicht zu verachten.

Rosafarbene und echte Roséweine werden oftmals zu Unrecht als Frauen- oder Hobbytrinkerweine verachtet. Beaujolais Rosé beispielsweise taugt sowohl bei Raumtemperatur wie auch gekühlt etwas – eine Kuriosität! – und harmoniert mit kalten ebenso wie mit warmen Speisen. Ein Exporteur behauptet sogar, man könne ihn auch zu Currytöpfen trinken, aber davor schrecke ich noch zurück. Vernünftiger Preis um 90 Pence.

3. RHÔNE. Diese üppigen, starken Roten südlicher Herkunft sind es wert, entdeckt zu werden. Châteauneuf du Pape kennt jedes Kind (der Weiße ist auch gut), aber die etwas weniger bekannten Namen sind günstiger zu haben: Lirac, St Joseph, Crozes-Hermitage, Cornas, Gigondas. Da sie ein Schattendasein führen, gelangen sie

kaum in den Großhandel und müssen von daher auch nicht gestreckt werden. Auch die hierzulande abgefüllten sind empfehlenswert, sollten aber nicht mehr als ein Pfund oder so kosten.

Bis auf ein, zwei Ausnahmen sind die Weißen nicht der Rede wert. Der Tavel Rosé dieser Gegend wird als einer der besten Roséweine Frankreichs angesehen, ich finde ihn eher öde. Kann sein, daß er etwas für Sie ist.

4. Loire. Die Rhône bringt einige der hochwertigsten Rotweine Frankreichs hervor, die Loire ist in dieser Beziehung für ihre Weißweine bekannt. Die in Frankreich abgefüllten sind den Exportflaschen vorzuziehen.

Muscadet, Touraine Blanc und Vouvray kosten jeweils um ein Pfund. Sancerre und Pouilly Fumé sind noch besser, kosten aber auch mehr. Alle sind sie hervorragend zu Meeresfrüchten oder als Aperitif.

Rote: Chinon und St Nicholas sind wirklich fruchtig, oft mit einer Himbeernote, gehen aber tüchtig ins Geld: ab 1 Pfund 50. Rosé: Anjou Rosé, halbtrocken. Dessertwein: Quarts de Chaume. Schaumwein: Saumur, der nach der Champagnermethode hergestellt wird, preiswerter ist und weit davon entfernt, als Tod in Flaschen gefürchtet zu werden. Schmeckt an Sommermorgen, bei Hochzeiten et cetera.

5. Elsass. Bis vor kurzem noch waren Elsässer Weißweine (Rote gibt es dort nicht) zu vernünftigen Preisen zu haben, aber sie sind mittlerweile beliebt und auch teuer. Sie werden durchgängig nach der jeweiligen Traube benannt, aus deren Saft sie stammen, Sylvaner und Riesling sind gut und mit zirka 90 Pence pro Flasche auch

erschwinglich. Traminer und Gewürztraminer kosten immerhin 1 Pfund 50, besitzen aber ein ganz spezielles Kräuteraroma, das kein anderer Wein zu bieten hat. Tokay d'Alsace ist ein schmackhafter trockener Wein, der um 1 Pfund 25 kostet. Ich mag sie eigentlich alle, aber am allerliebsten trinke ich Muscat, der, wie sein Name schon sagt, aus der Muskatellertraube hergestellt wird, aber eben keine Spur süßlich ist; so um 1 Pfund 25. Probieren Sie ihn ruhig einmal – aber lassen Sie mir etwas übrig.

6. CHAMPAGNER. Jeder französische Wein, der unter diesem Etikett firmiert, wird sich als gut erweisen. Es lohnt sich eigentlich nicht, die zusätzlichen 50 Pence draufzulegen, um einen Jahrgangschampagner zu erstehen. Der reguläre Bollinger, einer der trockensten Champagner überhaupt, kann mit den meisten Jahrgangschampagnern mithalten. Es gibt auch Roséchampagner, aber wenn Sie jemanden dabeihaben, der sich mit diesen Dingen auskennt, sollten Sie bereits beim Bestellen eine gute Retourkutsche parat haben. Außerdem gibt es Champagner auch »lieblich«, und das ist schrecklich.

7. DEUTSCHE WEINE. Man unterscheidet sie grob nach Moselweinen, also solchen von der Mosel, und nach Rheinweinen, also denen vom RatenSiemal. Alle, oder jedenfalls alle, die Sie jemals zu Gesicht bekommen werden, es sei denn, Sie reisen nach Deutschland, sind weiß. Grundsätzlich, und dies speziell in den unteren Preisklassen, sind die Moselweine trockener und auch leichter als die Rheinweine, von denen es eine reichhaltigere Auswahl gibt. Im Spektrum unter einem Pfund sollte man

sich an Moselweine wie Piesporter und Zeltinger halten und, vielleicht für etwas mehr Geld, an Bernkasteler – bei dem Bernkasteler mit grünem Etikett von Deinhard bekommt man reichlich für wenig Geld. Beim Rheinwein sollte man, ausgehend von den Niersteiner Weinen, einen finden, der schmeckt, sich den Exporteur notieren und in dieser Richtung weitermachen.

Gleich, was die Kenner dazu zu sagen haben: Von deutschen Weinetiketten soll man sich eben doch einschüchtern lassen. Darauf befinden sich (meist wird das noch auf Halsmanschette und dem Korküberzug wiederholt) Jahrgang, Ortschaft, Weinberg, Traubensorte – wobei Moselweine nur aus Rieslingtrauben gemacht werden, diese Information in ihrem Fall also oftmals weggelassen wird, was die Sache noch unkomplizierter macht –, Reifegrad der Trauben bei der Ernte, ob der Wein, oder ob nicht, in Deutschland abgefüllt wurde, und der Name des Winzers beziehungsweise des Exporteurs. Alles sehr gewissenhaft, doch weitaus mehr, als ich wissen will. Wie dem auch sei: Notieren Sie sich, wie immer, den Namen des Exporteurs, und aus dem Zusatz über den Reifegrad können Sie auch noch etwas lernen: die Bedeutung der Wortendung *-lese* nämlich. *Spätlese* signalisiert eine bessere Qualität und oftmals auch einen guten Kauf. *Beerenauslese* oder *Trockenbeerenauslese* bedeutet behutsam ausgewählte Trauben beziehungsweise behutsam ausgewählte überreife Trauben, aus denen man die großartigen deutschen Süßweine gewinnt. Keiner schaffte es bislang, einen Château d'Yquem, den besten und teuersten aller Sauternes, aus dem Rennen zu schlagen. Aber ich gehöre auch nicht zu denen, die schon einmal von einer *Trocken-beerenauslese* von 1959 kosten durften. Sie aber dürfen das – falls Sie einen finden und dafür 20 Pfund ausgeben können.

Es gibt auch Schaumweine aus Moseltal und Rheingau. Ich höre schon Leavers Gemurmel vom »Tod in Flaschen«, und manche klagen auch über Kopfschmerzen, aber ich hatte solche Probleme noch nie. Sie sind sehr viel günstiger als Champagner, gehen sogar als solche durch, wenn man es beim Einschenken fertigbringt, die Halsmanschette geschickt mit einer Serviette zu kaschieren (da lacht der Geizkragen), und kurbeln jede Bowle an.

8. Diverse. Grundsätzlich sollte man sich diesen unter sachkundiger Anleitung des Weinhändlers nähern, wie ich es im ersten Absatz des Kapitels »Tiefer gehende Weingedanken« beschrieben habe, aber hier noch ein paar Bemerkungen:

Italien. Chianti ist nicht der einzige Italiener. Manche finden besonders die Roten etwas schwer (mischen Sie sie mit Pellegrino). Barolo heißt ein kräftiger Rotwein von ordentlicher Qualität. Soave (weiß) erfrischt angenehm.

Spanien. Als bester Rotwein gilt der Rioja. Die lieblichen Weißen sollte man allesamt meiden, manche (mich eingeschlossen) halten die trockenen Weißweine ebenfalls für ungenießbar.

Portugal. Dão ist rot oder weiß erhältlich. Jüngere Semester greifen zu Mateus Rosé.

Schweiz. Wer es sich leisten kann, sollte den vollen,

aber sanften Rotwein Dôle probieren und die leichten Weißen aus Neuenburg oder den Fendant.

Algerien. Es gibt eine reiche Auswahl annehmbarer Roter um 75 Pence.

Jugoslawien[*]. Die Weine vom slowenischen Lutomer-Gut werden üblicherweise in guter Qualität zu ziemlich niedrigen Preisen angeboten.

Ungarn. Stierblut heißt ein ausgezeichneter Roter. Sie müssen Tokajer probieren, den berühmten Dessert- und Digestifwein.

Zum guten Schluß

Wenn Sie sich die notwendigen Anschaffungskosten leisten können (um 150 Pfund für etwas Trinkbares, 190 für einen Spitzenwein), kaufen Sie ein Faß und füllen Sie selbst ab. Auf diese Weise erhalten Sie etwa 300 Flaschen und sparen über ein Drittel des Geldes, das Sie für dieselbe Menge bereits abgefüllten Weins zu bezahlen hätten. Ihr Weinhändler wird Ihnen im vorweg eine Feinverkostung ermöglichen und Ihnen auch ansonsten mit Rat und Tat zur Seite stehen. Man kann sich für den Faßkauf auch mit anderen zusammentun. Sie werden sich aber dabei ertappen, wie Sie den Wein »probieren«, während Sie abfüllen – laden Sie also nicht zu viele Nachbarn zum »Helfen« ein, oder aber die 300 Flaschen sind schneller geleert als gedacht.

-----

[*] Die Originalausgabe von *On Drink* stammt aus dem Jahr 1972 (A. d. Ü.)

Wozu trinkt man was?

Was / *Was trinkt man dazu*

Einfache Gerichte, warm oder kalt serviert. Milde englische Käsesorten / *Preiswerte Rote à la Côtes de Bourg,
Côtes de Blaye, Côtes de Fronsac*

Rind, Lamm, Schwein, Wild, Geflügel, Würziges allgemein. Kräftige Käsesorten. Streichwurst. Eintöpfe / *
Givry, Fixin, Dôle, Monthélie, Alte Algerier, Mercurey, Morgon, Moulin-à-Vent, Cornas, Lirac, Gigondas, Châteauneuf
du Pape, Hermitage, Côte Rôtie, Crozes-Hermitage, St Joseph*

Rühreier mit Schinken, Spiegeleier mit Pommes frites,
gebackene Bohnen mit Würstchen / *Alles zuvor Empfoh-
lene, dazu noch Bier, Apfelwein, Guinness, Scotch mit Soda
ohne Eis (erste Wahl)*

Fleisch, warm oder kalt serviert, Picknicks oder gar
nichts / *Alle zu Rind, Lamm, Schwein et cetera empfohle-
nen Weine, plus Beaujolais, Beaujolais-Villages, Fleurie,
Brouilly und Chiroubles*

Suppen / *Sherry, Madeira, falls Ihnen extravagant zumute
ist, oder den Rest Ihres Aperitifs, vorausgesetzt, es waren
keine harten Sachen im Spiel*

Austern / *Chablis, Muscadet, Guinness, Black Velvet*

Fish and Chips / *Guinness*

Indischer Currytopf / *Bier, Apfelwein, versuchen Sie auch mal einen trockenen Chianti*

Kalte Platten, Fischgerichte, Krustentiere, Salate, Picknicks / *Puligny Montrachet, Meursault, Elsässer Riesling oder Sylvaner, Tokay d'Alsace, Tavel Rosé (wenn's unbedingt sein muß), Sancerre, Pouilly Fumé, Pouilly Fuissé, preiswerte Weine aus Moseltal und Rheingau*

Krustentiere, Aal in Aspik, Aufschnitt / *Gewürztraminer, Traminer*

Vichyssoise, Melone, Aperitifs zur Mittagszeit / *Muscat d'Alsace, Piesporter, Zeltinger*

Salate, Krustentiere, kalte Platten / *Beaujolais Rosé, gekühlt*

Scharfe, nicht besonders stark gewürzte Gerichte / *Beaujolais Rosé auf Zimmertemperatur*

Nachspeisen, Obst, Pfirsiche im besonderen / *Quarts de Chaumes, Châteaux Rieusses und Climens, Sauternes, Barsac*

Fondue / *Mit Neuenburger kriegt man es ganz gut runter*

Alles & nichts / *Champagner (kein Jahrgangschampagner)*

Im Ausland

Mir geht es hier nicht um Städte wie Paris, wo man so getrost trinken kann wie nirgendwo sonst auf der Welt und wo es auch am meisten Spaß macht, allerdings vorausgesetzt, man hat die 25 Pfund am Tag, die einen allein das Trinken kosten wird, und reagiert nicht empfindlich auf Frechheit und Beschiß; auch die Weinregionen Frankreichs und Deutschlands, wo man sich aufführen kann, als hätte man noch eine Ersatzleber im Kofferraum dabei, sind nicht gemeint; vielmehr spreche ich von Ländern, die ganz offensichtlich noch unzivilisierter sind, weitab der ausgewalzten Pfade, die zu den üblichen Verdächtigen führen.

1. Eine Flasche mit Etikett allein besagt noch gar nichts. Manchmal kommen Sie sogar besser oder eben genauso schlecht davon, wenn Sie sich für den Wein vom Faß entscheiden. Beobachten Sie die Einheimischen, und bestellen Sie das gleiche wie sie. (Die konsequente Anwendung dieses Prinzips empfiehlt sich auch für Speisen.)

2. Vor die Wahl zwischen einem schlechten oder zweifelhaften Roten und einem ebensolchen Weißwein gestellt, sollten Sie den Rotwein nehmen. In Griechenland allerdings, wo »rot« zumeist noch »süß« bedeutet, sollten Sie Weißen nehmen, und diesen geharzt und nicht ungeharzt.

3. Schnuppern Sie ausführlich vor dem ersten Schluck. Das ist kein hohles Ritual der Weinspießer; man versi-

chert sich damit lediglich der Tatsachen: Riecht es nach Wein oder nach vergammeltem Kohl? Feuchten Handtüchern? Modrigen Korken oder Essig? Übrigens müssen nicht alle »Vorsicht! Kein Wein!«-Signale unangenehm sein; darum sollten Sie sich außerdem in acht nehmen bei einem Hauch von Mandel- oder Bonbonduft.

4. Falls Sie den Roten zu schwer finden, zu dunkel und dumpf, scheuen Sie nicht davor zurück, ihn mit dem ortstypischen sprudelnden Mineralwasser zu verdünnen; besonders in Teilen Italiens und Spaniens. Und/oder verlangen Sie Eiswürfel zum Wein. Wie? Ach, hör'n Se auf! Damit ist doch kein Burgunder gemeint. Die billigen portugiesischen Rotweine schmecken auf Eis besser, was auch den Einheimischen bekannt ist.

5. Falls Sie immer noch was zu meckern haben, probieren Sie doch das Bier. Es wird zwar zu kalt serviert und schmeckt auch meistens nicht besonders, aber geschadet hat es noch keinem.

6. Wer einen empfindlichen Magen hat, sollte sich sowohl von Wein als auch von Bier fernhalten. Sogar die besten Sorten können den Darm reizen. Mit Schnaps kann das zwar nicht passieren, doch sollte man sich auch hier an die vertrauten Marken halten. In der Fremde produzierte Schnäpse sind mit Mißtrauen zu beäugen, von Weinbränden, Obstlern wie Slibowitz und Calvados und der einen oder anderen Bizarrerie à la portugiesischem Gin einmal abgesehen. Ich kann mich, wenn auch nicht mehr allzu deutlich, sogar an eine Begegnung mit jugoslawischem »Scotch« erinnern.

7. Wer zur Vorsicht neigt, sollte besonders bei Schaum-

weinen, ausgenommen französischen Champagner, sowie allen süßen Drinks genauer hinsehen. Zwar kann ein
Gläschen davon kaum größeren Schaden anrichten, bei
einigen dieser Schaumschläger allerdings reicht es einem
bereits nach dem ersten Schluck. Also hüten Sie sich davor, eine ganze Flasche zu bestellen.

8. Gintrinker sollten sich ein Fläschchen Angostura
einpacken. Man kann sich damit – zusammen mit Gin natürlich – unter fast allen Umständen einen Drink zusam-
menbasteln. Aber Angostura wird im Ausland so gut wie
nie verkauft. Na ja, vielleicht auf Gibraltar und Malta.

Wein muntert die Verzagten, belebt die Alten, spornt die Jungen,
verscheucht die Traurigkeit, die Furcht, und zeigt uns eine neue
Welt, wenn dies, das Drumherum, einem nur noch lästig fällt. –
LORD BYRON

Alkoholiker wie Abstinenzler sind nicht nur beide fehlgelei-
tet, sondern machen auch noch denselben Fehler: Sie denken
bei Wein nur an Drogen, obwohl es doch eigentlich ein Getränk
ist. – G. K. CHESTERTON

Der geizige Gastgeber

Es geht hier nicht darum, seine Gäste nur in puncto Quantität und Qualität zu leimen – jeder Trottel kann marokkanischen Rotspon in alte Burgunderflaschen umfüllen oder sich, kaum sind die Gäste da, so aufführen, als hätte er noch nie etwas von einer Erfindung namens Alkohol vernommen – die Kunst besteht viel eher darin, Ihre Gäste übers Ohr zu hauen, während Sie sie *scheinbar, und vor allem in den Augen der Ehefrauen, äußerst zuvorkommend behandeln.* Der Sache sind von Natur aus Grenzen gesetzt. Von daher ist es erstrebenswert, daß auf dem Heimweg unter allen Paaren Streit ausbricht. Hierbei sollte er Ihre Gastfreundschaft in Zweifel ziehen, wohingegen sie Ihre Umsichtigkeit und Wärme anführt und ihrem Mann zugleich vorwirft, er sei ja nur ein frustrierter Säufer. Maßnahmen, die geeignet sind, solcherlei Zwietracht unter den Paaren zu säen, sind der besseren Übersicht wegen mit einem ● markiert.

● 1. Punkten Sie gleich zu Beginn bei der Begrüßung, indem Sie jeder Dame eine Rose überreichen. Die Herren bekommen nichts. Verstärken Sie den Leidensdruck, indem Sie den Damen eifrig Komplimente für ihr Aussehen machen, während Sie ihren Begleitern mit mitleidsvollem Unterton ein gepreßtes »Ich hab' gehört, dir ging's nicht gut?« (= warst jeden Tag sternhagelvoll) beziehungsweise »Du siehst ja wieder viel, viel besser aus als letztes Mal« (wo du diesen grauenvollen Kater hattest) zuflüstern.

2. Unumgänglich: Bereiten Sie alle Drinks, die vor und nach dem Essen serviert werden, in einer für die Gäste

nicht einsehbaren Vorrats- oder Besenkammer zu. Zum einen können Sie so ungestört Ihrem Geiz frönen, zum anderen wirkt dadurch auch das Herbeischleppen jeder neuen Runde wie eine unzumutbare Belastung, die ● jeden Gast, der Ihnen über die freimütig offerierten Begrüßungsgetränke hinausgehende Bestellungen aufnötigen will, in einem ungünstigen Licht erscheinen läßt. Suchen Sie sich einen besonders tiefen Sessel als Stammplatz aus und gestalten Sie jedes Aufstehen ersichtlich mühevoll, später auch gerne von dezentem Aufstöhnen begleitet. Hierbei sollten Sie nicht übertreiben.

3. Was die Phase vor dem Abendessen angeht, gibt es unterschiedliche Ansätze. Der wohl nächstliegende besteht im Ausschenken nur eines Aperitifs. Häufig eine Bowle, gemischt aus billigem Rotwein, Sprudel und einem Glas Koch-Sherry, falls man sich dazu überwinden kann. Eine große Menge Obst verhilft zum Eindruck einer gewissen Opulenz. Erklären Sie dabei, daß es sich um eine selbsterfundene Bowle handelt, und fügen Sie mit Kennermiene hinzu, daß die nur harmlos aussehe ... In kleinen Gläsern servieren.

Bei kaltem Wetter wird aus demselben Wein, dazu Wasser, ein kleines Glas erhitzten Koch-Weinbrand sowie eine Prise geriebene Muskatnuß pro Glas ein zwar arbeitsintensiverer, dafür aber mit gleich zwei Vorteilen versehener Punsch fabriziert. Zum einen verbringen Sie natürlich den überwiegenden Teil Ihrer Zeit am Herd, wo Sie fürsorglich darauf achten, daß der Punsch nicht abkühlt, beziehungsweise mit dem servilen Hin- und Hereilen zwischen Herd und Sitzgruppe. Allesamt Tätigkeiten übrigens, die Sie vom tatsächlichen Servieren der Drinks abhalten werden. Ein weiteres Ziel wird schon nach wenigen Gläsern Punsch erreicht sein: Ihren Gästen wird warm; so warm allerdings, daß sie auf keinen Fall noch ein weiteres Glas Punsch trinken wollen. (Fachen Sie das Kaminfeuer an oder drehen Sie die Heizkörper auf, um den schweißtreibenden Effekt noch zu unterstützen. Vergessen Sie aber nicht, die Raumtemperatur rechtzeitig wieder herunterzufahren, wenn der Rausschmiß naht.)

Falls einer der alten Hasen, mit dem Punsch- oder Bowlentablett konfrontiert, trotzdem auf einen Scotch bestehen sollte, verziehen Sie sich in Ihre Kammer und lesen noch gemütlich die Zeitung, bevor Sie den Extrawunsch erfüllen. ● Überreichen Sie ihm das Glas mit Nachdruck und grölen Sie vielleicht noch: »Ein großer Scotch, ganz wie befohlen, werter Herr!«

Sobald Sie ab und an das Gefühl beschleicht – und es wäre geradezu ungesund, falls das nicht passiert –, daß Ihre Masche etwas durchsichtig geworden ist, ändern Sie einfach Ihre Strategie und servieren Sie jedermann zur Begrüßung einen mehr oder minder anständigen Drink. Der Geldbeutel läßt sich natürlich auch hier schonen, indem man eine großzügige Portion Eis ins Glas füllt (macht Arbeit, ist aber billiger als Alkohol) oder, falls Martinis serviert werden, indem man diese Oliven auftreibt, die so groß wie Aprikosen sind (siehe *Thunderball* von Ian Fleming, 14. Kapitel). An den nachfolgenden Drinks knausert man wie folgt: Will man beispielsweise einen Gin Tonic zubereiten, gibt man zuerst das Tonic Water zusammen mit den Eiswürfeln sowie einem großen Stück Zitrone ins Glas und gießt dann erst ein Schlückchen Gin *über den Rücken eines Löffels* zu. Der Alkohol treibt daraufhin nahe der Getränkeoberfläche und sorgt für einen ersten Schluck von beeindruckender Stärke. Das ist sowieso alles, worum es geht. Ein Freund von mir, dessen Schwiegermutter dazu tendiert, nach ein paar Drinks ausfällig zu werden, geht sogar noch weiter: Den dritten Gin Tonic bereitet er ihr ausschließlich aus Tonic, Zitrone und Eis, benetzt aber die Spitze seines Zeigefingers mit Gin und fährt damit einmal am Innenrand ihres Glases entlang. Die Opfer dieser Gemeinheit sollten allerdings sehr sorgfältig ausgewählt werden. Martinis sollten so kalt wie gewöhnlich serviert werden, allerdings mit Mengen geschmolzenen Eises verdünnt. Whiskys machen es einem schwer. Probieren Sie die Löffel-Methode und setzen Sie gefärbte Gläser ein, oder greifen Sie zur dunkelsten Marke. Sherrys werden mit Wasser verdünnt.

4. Setzen Sie das Abendessen zeitig an und lassen Sie reichlich auftragen, egal, was es ist. Sie kommen damit durch, zum ersten Gang – egal, woraus er besteht – keinen Wein zu servieren. Sobald das Hauptgericht aufgetragen ist, »fällt Ihnen plötzlich ein«, daß Sie vergessen haben, den Wein zu lüften. Sie holen dies umgehend nach und veranstalten ein Riesenspektakel mit Korkenzieher und so fort. Der Wein selbst wird natürlich nicht aus Deutschland oder Frankreich sein; nennen wir ihn mal einen xanadischen Halbtrockenen mit Prädikat. Schenken Sie ihn mit allem Drum und Dran ein und erzählen Sie dabei noch, daß Sie diesen Tropfen gemeinsam ● mit

Ihrer Frau »kennen- und (besonders Ihre Frau) liebenge-
lernt« haben, als man »seinerzeit« dort in den Ferien war,
und Sie deswegen schon »gespannt« sind, wie er wohl an-
kommen wird. Falls die Reaktionen allenfalls aus mehr
oder minder höflichem Schweigen bestehen, verfallen Sie
entweder in eine stark nostalgisch gefärbte Schwärmerei
und mutmaßen, daß man wohl, um ihn zu würdigen, einiges davon getrunken haben müßte, dazu dieses herrliche
Essen unter der Sonne et cetera, *oder* Sie mischen sich
einfach unter die Staunenden: »Komisch, oder? Der funktioniert hier einfach nicht ... funktioniert nicht!« Sie sollten Ihr Publikum richtig einzuschätzen wissen.

5. Bleiben Sie solange es nur irgendwie machbar ist
oder solange Sie es aushalten, am Eßtisch sitzen, bevor Sie die Gesellschaft in die Bibliothek hinüberbitten,
um dort großspurig anzukündigen, es würde gleich Kaffee serviert. An dieser Stelle (der exakte Zeitpunkt spielt,
bedingt durch die mutwillig verursachten Verzögerungen,
keine Rolle mehr) können Sie eine volle halbe Stunde so
tun, als hätten Sie von dem Brauch, Gästen etwas zum
Trinken anzubieten, noch nie gehört. Nach dieser Pause
fällt Ihnen ebenso »schlagartig« auf, daß man hier auf dem
Trockenen sitzt: Sie bieten Weinbrand an, müssen aber,
und dies nur unmerklich zerknirscht, darauf hinweisen,
daß kein Cognac im Hause ist, dafür aber gibt es einen
Armagnac »für Kenner«. Dabei handelt es sich freilich um
einen mit viel Wasser verlängerten Koch-Weinbrand aus
einer entlegenen Region in Frankreich oder Südafrika,
den Sie nach einigem Herumfuhrwerken in Ihrer Kammer

servieren. Denjenigen Ihrer Gäste, die bereits in den mittelmäßigen Londoner Restaurants »Armagnac«* getrunken haben, wird er ohnehin bekannt vorkommen. ● Bieten Sie den Damen ein Glas vom Strelsauvada an, ein eher unbekannter Likör xanadischer Herkunft, der aus vergorenen Feigen gemacht wird und sich durch eine Note alter Mandelhäute auszeichnet, der einen aber – weisen Sie ruhig etwas verschwörerisch darauf hin – »etwas kirre machen« kann, falls man so etwas nicht gewohnt ist. Gewiß werden daraufhin alle dankend ablehnen, Sie aber Ihres großzügigen Angebotes wegen als einen nur noch besseren Gastgeber im Gedächtnis behalten.

6. Lassen Sie weitere Zeit verstreichen mit Hilfe schleppend und unter Geächz angerührter, mit Eis zum Platzen vollgestopfter Scotchs und sparen Sie bei alldem nicht mit laut geäußerten Anmerkungen à la ● »Ich finde ja immer, daß *um diese Zeit* ein kühles *Bier* (und zwar aus der ganz kleinen Flasche) am besten schmeckt.«

7. Entsprechend der Großzügigkeit, die Sie Ihren Gästen bereits ganz zu Anfang demonstriert haben, indem Sie dem »Bowle«- oder »Punsch«-Aperitif wahnsinnige Mengen flüssigkeitsverdrängender Schnippelobststückchen beigegeben haben, zeigen Sie sich nun nochmals

———

* In Restaurants wird häufig eine etwas raffiniertere, dafür auch umständlichere Methode angewandt: Eine größere Menge Rosinen wird mit dem Messer zerhackt und in einer Schale mit Billigweinbrand bedeckt. 24 Stunden ruhen lassen, durchseihen und als Armagnac, besser vielleicht aber noch als »Cognac für Kenner« anbieten.

von Ihrer spendablen Seite und geizen nicht mit Pseudoluxusartikeln wie fehlfarbenen Zigarren, ● Pfefferminzbonbons Marke Atemfrisch, aus Konkursmassen ersteigerten ● Ladylike-Zigaretten mit pastellfarbenem Filterstück et cetera.

8. Was Ihre eigenen Drinks an einem solchen Abend angeht, so sollten Sie natürlich weder Mühe noch Aufwand scheuen – gleich, wie streng auch die Sparmaßnahmen ausfallen mögen, die Sie Ihren Gästen auferlegt haben. Freilich werden Sie sich ab und an aus Ihrer Kammer Nachschub holen müssen, und lästige Kameraden werden Sie dabei beobachten und sich denken – und es vielleicht sogar aussprechen –, daß Sie ihnen einen Drink von dort mitbringen könnten. Also benutzen Sie den Abend über *entweder* ein dunkel getöntes Glas (»Das habe ich von einem alten Freund aus Venedig – angeblich ziemlich wertvoll, hehehe!«) oder irgendeinen Silberbecher (»Den hat mir doch tatsächlich T. S. Eliot zur Taufe geschenkt – ja, da glotzt ihr, hehehe!«), den Sie nicht einen Moment aus der Hand geben und der sich unbemerkt mit bestem Whisky befüllen läßt. *Oder aber* Sie halten sich frech an einem zwar normalen Glas fest, das Sie aber mit einem dieser hellen Whiskys, die in Amerika als »Husband's Scotch« bezeichnet werden, füllen – »Zur Hölle, Liebling – was heißt denn *schon wieder einer?* Ist doch mehr Wasser als sonstwas.« – Zur Hölle, Jim, Jack, Joe und der Rest der Bande.

9. Falls Sie auch nur einen dieser Tips etwas überzogen oder gar bösartig finden, haben Sie vom Leben noch nicht allzuviel gesehen.

Wie man den Mülleimer zur Schatztruhe macht

Das folgende Menü soll eine unverbindliche Orientie-
rungshilfe sein. Wichtig ist nur, daß von allem reichlich vorhanden ist und daß warme Speisen auch wirklich
warm serviert werden, um den zu erwartenden Beschwer-
den zuvorzukommen. ● Unterstützend kann der geizige
Gastgeber den anwesenden Damen durch Gesten und un-
bestimmte Laute einige Hinweise darauf geben, daß es
ihm »derzeit finanziell nicht so gut« geht.

Petits pains et beurre
Pouding de Yorkshire
Spaghetti poco Bolognese
Bœuf à bon marché
Pommes bouillies
Navets vieux
Salade de fruits sans sucre
Café

Anmerkungen (i) Zehn, elf Minuten ohne etwas auf dem Tisch
als Brot und Butter wird – alte Gastronomenregel – dem Appetit
der meisten die Wucht nehmen.

(ii) Weisen Sie erklärend darauf hin, daß man in Ihrem wa-
lisischen Geburtsdorf als Vorspeise Yorkshire-Pudding ohne alles ißt. Betonen Sie, daß es sich dabei um eine traditionelle Ar-
beiterspeise handelt. Die Sozialdemokraten unter Ihren Gästen
werden das urig finden; zumindest aber wagen sie kein Wider-
wort.

(iii) Hierbei handelt es sich um Spaghetti mit sehr wenig Sauce.

(iv) Falls einzelne nach diesem Sperrfeuer aus konzentrierter Stärke noch von Appetit geplagt sein sollten, legen Sie mit durchgebratenem Suppenfleisch nach. Dazu gibt's Pellkartoffeln und alte Rübchen (junge sind eine leckere Sache, wenn man sie denn sorgfältig zubereitet). Das sollte genügen. Vom »Braten« wird natürlich einiges übrigbleiben. Wird am nächsten Tag im Currytopf verwurstet.

(v) Läßt man bei einem Obstsalat den Zucker weg, wird er ungenießbar – vor allem dann, wenn er größtenteils aus Ananas und Orangen besteht. Bei hartnäckigen Nachfragen wird es sich kaum vermeiden lassen, den Zuckertopf hervorzukramen. In ihrem angeschlagenen Zustand werden Ihre Gäste das Problem aber höchstwahrscheinlich nicht zur Sprache bringen. Die Reste des Obstsalats landen ebenfalls im Currytopf.

(vi) Der Kaffee muß frisch sein, und aus dem Vorgang der Zubereitung sollte man das meiste herausholen – jedenfalls was Raffinesse, Langwierigkeit und Störanfälligkeit der Operation anbetrifft, die man, wenn möglich, größtenteils direkt am Tisch vor den Augen der Gäste durchführt. Das ist eine Aufgabe für den geizigen Gastgeber, da die Umständlichkeit der Kaffeeprozedur den Getränkenachschub lahmlegt, und das ● ist auch günstig.

»Cassiri ... das übliche Getränk hier aus Maniok.« Er trank ein wenig und reichte Tony dann die Schale. Sie enthielt eine dicke, violette Flüssigkeit. Als Tony auch davon getrunken hatte, erklärte Dr. Messenger: »Die Herstellung ist interessant. Die Frauen kauen die Wurzeln und spucken sie in einen hohlen Baumstumpf.« – EVELYN WAUGH

Der Kater

Fürwahr ein weites Feld. Und wahrhaftig auch eines, um das sich keiner so recht kümmern will. Gut, natürlich stehen in jeder Zeitung oder Zeitschrift diese Tips – die meisten davon unoriginell, einige wirkungslos, manche sogar regelrecht schädlich –, wie man dieses weitverbreitete Leiden kurieren soll. Dabei wird jedoch stets so getan, als ob es dabei lediglich um die körperlichen Erscheinungsformen ginge, als behandle man eine gewöhnliche Krankheit. Allesamt verschweigen diese Diskussionen die psychischen, moralischen, geistigen und emotionalen Auswirkungen, kurzum: das schwarz schimmernde metaphysische Kraftwerk, das den Kater erst ermächtigen kann, sich zu jener – glücklicherweise – einzigartigen Schußbahn hinab in die Selbsterkenntnis auszuweiten.

Um die Literatur ist es da nicht besser bestellt. Über das Trinken gibt es Gedichte und auch Lieder, klar, aber kaum etwas über das Betrunkensein, und über das darauf unvermeidlich Folgende natürlich erst recht nicht. Romanschreiber gehen da etwas unerschrockener und gründlicher vor, neigen aber dazu, das Ziel aus den Augen zu verlieren, indem sie entweder den Kater ihrer Helden in einigen Sätzen en passant abhandeln oder ihn sozusagen zum Zentrum des Romangeschehens machen. In diesem Fall wird der Protagonist höchstwahrscheinlich ein Alkoholiker sein, der mit normalen Männern kaum etwas gemein hat und der ihnen mit einem Kater nur noch unähnlicher wird. Dieser wichtige Unterschied kommt, zusammen mit vielem anderen, in Charles Jacksons wunderbarem und beängstigendem *The Lost Weekend* deutlich zur Sprache. Ich kenne keine bessere literarische Bearbeitung des Themas Alkoholismus.

Einige Autoren bringen es fertig, die Welt des Katers metaphorisch zu durchdringen, während vordergründig ganz andere Dinge verhandelt werden. Ein Teil der Werke Dostojewskis schlägt in diese Richtung. Einige Erzählungen von Edgar Allan Poe vermitteln ziemlich genau die düstere Unbehaglichkeit mitsamt den plötzlichen Schüben haarsträubender Furcht, wie sie so viele von uns wiedererkennen werden; dazu hatte Poe selbst auch ein Alkoholproblem; anders als allgemein angenommen aber war er kein Alkoholiker, sondern litt vielmehr an einer ungewöhnlichen Stoffwechselstörung, die seinen Körper überempfindlich auf Alkohol reagieren ließ. Ein paar Gläschen bloß, und Poe ging zu Boden; ohne Zweifel wurde er daraufhin vom Kater lebendig begraben. *Die Verwandlung* von Franz Kafka beginnt mit einer Szene, in der sein Held beim morgendlichen Erwachen feststellt, daß er sich in eine mannsgroße Kakerlake verwandelt hat. Dies ist die beste literarische Verarbeitung des Themas überhaupt. Die Wahl der zentralen Metapher hätte besser nicht sein können, und was im Folgenden über die Reaktionen der fiesen Umwelt auf den armen Kerl erzählt wird, geht zu Herzen. (Ich konnte keine Details über Kafkas Trinkerlaufbahn in Erfahrung bringen.)

Ich betrachte es nicht als meine Aufgabe, nein, ich verwahre mich sogar strikt dagegen, den metaphysischen Kater ausführlich und fundiert zu beschreiben, damit wäre weder mir noch Ihnen gedient. Hoffentlich aber

wird einiges davon durch meine Beschreibungen der Ge-
genmittel deutlich. Bevor ich dazu komme, muß ich mich
noch kurz dem physischen Kater widmen, der logischer-
weise zuerst zu behandeln ist und dessen Zerstreuung
den metaphysischen Kater ganz erheblich lindern wird.
Denn Körper und Geist sind, wie wir eingangs festgestellt hatten, nirgendwo inniglicher verbunden als im
Reich des Königs Alkohol. So also geht man zunächst
vor:

Der physische Kater

1. Stellen Sie bereits beim Aufwachen laut und deutlich fest, wie glücklich Sie sich schätzen dürfen, daß es
Ihnen derart dreckig geht. Durch diese Taktik – auch bekannt als Paradox des George Gale* – erkennen Sie die
Tatsache an, daß Sie, sollte es Ihnen nach einer solchen
Nacht nämlich *nicht* dreckig gehen, ja noch betrunken
sind und nun sehenden Auges erst allmählich nüchtern
werden müssen – es läge also noch vor Ihnen, was Sie so
bereits überstanden haben.

2. Falls Ihre Frau oder ein anderer Partner neben Ihnen liegt und willig ist, praktizieren Sie den Geschlechts-
akt so emsig wie nur möglich. Die Ertüchtigung wird Ihnen guttun und – vorausgesetzt, Sie machen sich etwas
aus Sex – Sie aufheitern. Zudem könnte dies einen ersten

---

* George Gale (1927–1990), britischer Journalist und Chefre-
dakteur des *Spectator,* der bekannt für seinen Alkoholkonsum
war. Amis widmete ihm *On Drink* (A. d. Ü.).

Angriff auf Ihren metaphysischen Kater (M. K.) bedeuten, bevor Sie ihm frontal den Kampf ansagen.

Vorsicht ist geboten: (i) Falls neben Ihnen jemand liegt, der dort nicht hingehört und Sie auch nur das kleinste Quentchen Reue spüren: Verzichten Sie. Schuldgefühl wie Scham sind wichtige Bestandteile des M. K. und erhalten durch eine solche Nachlässigkeit zwangsläufig weiteren Vorschub.

(ii) Aus genau diesem Grund sollten Sie die Sache auch nicht selbst in die Hand nehmen, falls Sie ganz alleine erwachen.

3. Obwohl Sie vor dem Zubettgehen noch all das Wasser getrunken haben, sollten Sie nun wieder eine große Menge davon zu sich nehmen. Und zwar noch mehr als nötig scheint, um Ihren momentanen Durst zu löschen. Alkohol ist für seine entwässernde Wirkung berüchtigt, und ein beträchtlicher Teil des physischen Katers (P. K.) steckt Ihnen nur in den Knochen, weil Ihren Zellen das Wasser fehlt.

An dieser Stelle muß ich davon ausgehen, daß Sie den überwiegenden Teil eines solchen Tages der Sorge um sich widmen können. All denjenigen, die unweigerlich aufstehen müssen, um etwas zu tun, bleibt es nicht erspart, nur so lange liegenzubleiben, wie es gerade noch geht, sich nach dem Aufstehen zu rasieren, heiß abzuduschen oder zu baden (darauf werde ich gleich noch zurückkommen), sich zum Frühstück eine ungesüßte Grapefruit (d. w. i. g. n. z.) mit Kaffee einzuverleiben, um dann das Haus zu verlassen – in fester Absicht allerdings, sich zum Mittagessen so kräftig zuzuschütten wie möglich. Die anderen können weiterlesen, aber lassen Sie mich noch anmerken, daß der Grund für den hohen Alkoholkonsum vieler Künstler nicht unbedingt darin liegt, daß ihre Künstlernatur es ihnen abverlangt oder Ähnliches. Vielmehr liegt es eher daran, daß Sie es sich leisten können, einen großen Teil des Tages mit den Nebenwirkungen zu ringen. Nun aber:

4. Bleiben Sie liegen, bis Sie nicht mehr liegen können. Müdigkeit ist ein Hauptbestandteil des P.K.

5. Duschen Sie unter keinen Umständen kalt. Zwar mag dies vorübergehend Erleichterung bringen, aber meiner Erfahrung nach, und der vieler anderer, treibt eine kalte Dusche den P.K. nach etwa einer halben Stunde gewaltig an und kann sogar, in Einzelfällen, dazu führen, daß Sie sich wie ein Außerirdischer fühlen. Wahrscheinlich als Konsequenz der Schockbehandlung eines Systems, das bereits unter Schock steht. Die ideale Vorrichtung, und jeden Cent wert, falls Sie ein wahrer Trinker sind, ist ein über der Wanne angebrachter Brausekopf. Lassen Sie sich ein fast unerträglich heißes Bad ein und bleiben Sie darin so lange liegen, wie Sie es aushalten. Immer wenn es soweit ist, stehen Sie auf und duschen sich unter dem Brausekopf so lange heiß ab, wie Sie es aushalten. Dann legen Sie sich wieder in die Wanne und immer so fort. So vergeht die Zeit recht angenehm. *Vorsicht ist geboten:* Machen Sie das nur, wenn Sie sich ganz sicher sind, daß Ihr Herz und der Rest von Ihnen dieser Prozedur gewachsen sein werden. Ich möchte nicht beschuldigt werden, für Ihren Tod verantwortlich zu sein. Schon gar nicht vor Gericht.

6. Rasieren Sie sich. Eine echte Zumutung. Und Sie

werden sich bestimmt schneiden, aber es ist eine beruhigende Übung und hebt die Stimmung (ein weiterer Streich gegen den M. K.).

7. Gleich, wie es in Ihrem Magen zugeht, lassen Sie die Finger von alkalisierenden Mitteln wie Soda-Bikarbonat. In den meisten Antikatermitteln ist etwas davon enthalten, aber nicht genug, um Ihnen Schaden zuzufügen, und die Bläschen sprudeln so hübsch. Besser wirken ungesüßte Fruchtsäfte oder eine Grapefruit ohne Zucker. Der Grund für deren Wirksamkeit ist auch bekannt als Philip-Hope-Wallace*-Syndrom. Ihr Magen wird sich, sobald er eine weitere Ladung Säure abbekommt, sagen: »Oha, da brauchen wir wohl was Alkalisches« und somit die Neutralisierung ankurbeln. Bikarbonat hingegen verleitet ihn dazu, sich zu sagen: »Oha, da brauchen wir wohl mehr Säure«, um damit alles nur noch schlimmer zu machen.

Falls Sie das nicht restlos überzeugt, lassen Sie mich erzählen, was mir eines Morgens passierte, nachdem ich, mit einem monströsen Kater, Bikarbonat mit einem kleinen Wodka runterspülte. Mein Kumpel sagte: »Schau mal, was gerade in deinem Magen vor sich geht« und goß Wodka zum Rest der Salz-Lösung in meinem Glas. Was soll ich sagen: Die Mischung färbte sich schwarz und fing zu schwelen an.

8. Essen Sie nichts, jedenfalls sonst nichts. Geben Sie Ihrer Verdauung den Morgen frei. Kaffee ist erlaubt, al-

---

* Philip Hope-Wallace (1911–1979): legendärer Theaterkritiker für *The Times* und *The Guardian* (A. d. Ü.).

lerdings sollten Sie sich nichts davon erhoffen, außer daß
Sie sich noch wacher fühlen.

9. Versuchen Sie, nicht zu rauchen. Daß Nikotin einen großen Beitrag zu Ihrem P. K. leistet, halten viele für
plausibel. Ich übrigens auch.

10. Den größten Teil des Morgens haben Sie nun schon
halbwegs anständig hinter sich gebracht. Manövrieren
Sie sich unauffällig über die verbleibenden Stunden und
vermeiden Sie auf jeden Fall das Zusammentreffen mit
Ihren Freunden. Gespräche sind zu anstrengend. Machen Sie einen Spaziergang, sitzen oder liegen Sie etwas
an der frischen Luft. Loten Sie gegen elf oder so vorsichtig aus, wie es um Ihre Lust auf einen Polish Bison (heißes Fleischextrakt Marke Bovril mit Wodka) bestellt ist.
Ohne Wodka geht auch. Mit der Bearbeitung des M. K.
können Sie nun jederzeit beginnen.

11. Gegen halb eins sollten Sie sich aufraffen, ein Haar
(oder besser noch, wie Cyril Connolly* es zu raten pflegte,
»einen ganzen Büschel«) des Hundes zur Brust zu nehmen, der Sie gebissen hat. Dabei müssen Sie nicht nach
dem Stammbaum schielen, es darf auch ein Drink anderer Rasse sein als in der Nacht zuvor. Viele werden
der Bloody Mary den Vorzug geben; beachten Sie hierbei aber bitte meine Anmerkungen im betreffenden Ab-
schnitt des Longdrink-Kapitels. Andere schwören auf
Underberg. Dabei handelt es sich, für die Unwissenden,
um einen höchst alkoholhaltigen Magenbitter, der ent-

---

* Cyril Connolly (1903–1974): Literaturkritiker (u. a. für die
Sunday Times und *The Observer*) und Autor (A. d. Ü.).

fernt an Fernet Branca erinnert, allerdings meiner Erfahrung nach mit unvergleichlich höherem Durchschlagsvermögen. Underberg wird in Taschenfläschchen verkauft, deren Inhalt einem Doppelten entspricht, und Sie sollten ihn sich in einem Zug reinpfeifen. Die unmittelbar einsetzende Wirkung auf die Eingeweide ähnelt der eines Golfballs, der in eine leere Badewanne gefeuert wird. Die dadurch ausgelösten Krämpfe und Hilferufe sind nicht zu verachten. Aber kurze Zeit später schon wird der Leib von einem wohligen Glühen erfüllt, was in den allermeisten Fällen die Wendung zum Besseren einleitet. Von nun an werden Sie sich so oder so zunehmend bereit fühlen, sich mit der übrigen Menschheit zu konfrontieren. Jetzt stellt auch ein geselliges Mittagessen keine unüberwindliche Schwierigkeit mehr dar. Bestellen Sie, worauf Sie Appetit verspüren, doch mit Bedacht. Vermeiden Sie fette und zu üppige Speisen. Sollte der P. K. Ihnen nachher noch immer in den Knochen stecken, gehen Sie wieder ins Bett.

Bevor wir nun zum M. K. kommen, werde ich – allein der Vollständigkeit halber – noch drei Katermittel beschreiben, wie sie mir von anderen als unfehlbar diktiert wurden. Ich habe noch keines davon probiert. Die ersten beiden sind schwer zu realisieren.

12. Mischen Sie sich unter die Minenarbeiter der Frühschicht einer Zeche Ihrer Wahl.

13. Fliegen Sie eine halbe Stunde lang in einem offenen Propellerflugzeug und, ja, achten Sie darauf, daß Ihr Pilot keinen Kater hat.

14. Bekannt geworden unter dem leicht irreführenden

Namen *Donald Watt's Jolt*, besteht das Rezept für diesen Drink lediglich aus einem Tumbler randvoll mit süßem Likör – Grand Marnier oder Bénédictine –, der anstelle des Frühstücks eingenommen wird. Sein Erfinder berichtete mir, daß er es mit einem davon intus schon einmal bei eiskaltem Wetter eine Dreiviertelstunde an einer Bushaltestelle ausgehalten hat, »ohne auch nur mit der Wimper zu zucken«. Was stimmt, ist, daß der Drink Ihnen einen Energieschub gibt, und der Alkohol Alkohol.

An dieser Stelle sei es den jüngeren unter den Lesern erlaubt, die folgenden Zeilen etwas weniger aufmerksam zu studieren. Der M. K. wird Ihnen womöglich noch fremd sein. Aber Sie spotten und grinsen auf eigene Gefahr. Es sei Ihnen versichert, daß, je älter Sie werden, sich diese Erscheinung mit zunehmender Heftigkeit in die Lücken drängen wird, die der immer milder werdende P. K. hinterläßt. Und von beiden ist der schrecklichere

Der metaphysische Kater

1. Kümmern Sie sich zunächst gewissenhaft um Ihren P. K.

2. Sobald das mystische Gemisch aus Niedergeschlagenheit, Traurigkeit (diese sollten nicht verwechselt werden), Schreckhaftigkeit, Selbsthaß, Gefühl des Versagens und Zukunftsangst von Ihnen Besitz ergreift, sagen Sie sich, daß Sie einen Kater haben. Sie kränkeln nicht, Sie haben keinen Hirnschaden, Sie machen gute Arbeit, Ihre Familie und Ihre Freunde haben sich nicht in stiller

Verachtung zu einer Verschwörung gegen Sie zusammengetan, Ihnen ist nicht plötzlich aufgegangen, wie das Leben wirklich läuft, und was geschehen ist, ach jemineh, das ist geschehen. Wenn Sie damit Erfolg haben, wenn Sie sich selbst überzeugen können, ist es geschafft, wie es auch nochmals zusammengefaßt wird im ausgesprochen philosophischen

UG 9: *Wer glaubt, er hat einen Kater, hat keinen Kater.*

3. Falls nötig, wenden Sie entweder den M.-K.-Literatur-Kurs an *oder aber* den M.-K.-Musik-Kurs *oder* beide nacheinander (aber niemals gleichzeitig). Ein Tapetenwechsel, das Betrachten eines Gemäldes, eines Bauwerks oder von etwas Skulpturalem könnte Ihnen ebenfalls guttun, aber ich denke, die meisten werden das für diesen Zweck – vielleicht für jeglichen – etwas weit hergeholt finden. Der Aufbau beider Kurse, KATERLEKTÜRE und KATERMUSIK, beruht auf dem Grundsatz, daß Sie sich erst dreckig fühlen müssen, bevor es Ihnen wieder bessergehen kann. Das oberste Ziel ist ein ordentlicher Weinkrampf.

Katerlektüre

Fangen Sie mit Gedichten an, falls Sie dafür etwas übrig haben. Alles richtig Abgründige, das Ihnen gefällt, ist recht. Meine erste Wahl wäre die Schlußszene aus *Paradise Lost*, zwölftes Buch, Zeile 606 bis zum Ende, die den wahrscheinlich ergreifendsten Moment der Literaturgeschichte in den Zeilen 624 bis 626 enthält. Das Problem hierbei ist, daß man ausgerechnet heute eigentlich nicht daran erinnert werden will, welch armselige Type man selbst doch verglichen mit dem Nachbarn und erst recht natürlich mit einem Kerl wie Milton darstellt. Besser ist es, nach jemandem zu suchen, der nicht so ekelhaft großartig ist. Ich rate stumpf zu den Gedichten von A. E. Housman oder/und R. S. Thomas, aber nicht, daß sie austauschbar wären. *Sohrab and Rustum* von Matthew Arnold ist auch geeignet, aber vielleicht ein bißchen zu lang für diesen Zweck.

Dann greifen Sie nach denselben Kriterien zu etwas Prosa. Ich kann nur *Ein Tag im Leben des Iwan Denissowitsch* von Alexander Solschenizyn empfehlen. Es ist nicht wirklich abgründig, aber die Schilderungen des Alltags in einem russischen Arbeitslager wird Ihnen den wichtigen Dienst erweisen, daran zu erinnern, daß es so viele Menschen gibt, denen es noch viel dreckiger geht, als es Ihnen (und mir) geht oder jemals gehen wird, und die sich darein schicken – wenn auch nicht frohgemut, so doch ohne dabei vor Selbstmitleid zu vergehen.

Dann sollte man sich den Stoffen zuwenden, die einem die Botschaft vermitteln, daß es sich trotz allem doch zu leben lohnt. Hier passen Schlacht-Gedichte gut: *Horatius* von Thomas Babington Macaulay beispielsweise. Oder, falls Ihnen die Auswahl etwas zu anglophil ausfällt (wie ja auch die römischen Tugenden, von denen Macaulay schwärmt, durchaus unter diesem Gesichtspunkt gelesen werden können), versuchen Sie es mit Chestertons *Lepanto*. Der Sieg der päpstlichen Streitkräfte über die Türken und ihre Verbündeten in der Seeschlacht von 1571 wurde ohne einen einzigen Angelsachsen (oder Protestanten) errungen. Sehen Sie über die Frotzeleien Chestertons, daß es sich dabei um einen Sieg von Christen über Moslems gehandelt hat, einfach hinweg.

Ungefähr an diesem Punkt halten Sie es vielleicht für möglich, eines Tages wieder lächeln zu können. Trotzdem: noch sollten Sie von komischem Zeug Ihre Finger lassen. Nehmen Sie sich einen guten Thriller vor, um sich Grübelei und düstere Gedanken vom Leib zu halten: Ian Fleming, Eric Ambler, Gavin Lyall, Dick Francis, Geoffrey Household, C. S. Forester (wahrscheinlich der Hilfreichste aus dieser Liga). Erst danach sollten Sie zu Komödien übergehen; es müssen aber gute – bedeutet: keine schwarzen Komödien – sein: P. G. Wodehouse, Stephen Leacock, Captain Marryat, Anthony Powell (nicht Evelyn Waugh), Peter de Vries (aber bloß nicht *The Blood of the Lamb,* das zwar sehr lustig ist, dem aber trotzdem ein Ehrenplatz in der Kategorie des Tränenreichen gebührt). Mit meiner Zusammenstellung will ich übrigens nicht suggerieren, daß diese Autoren irgendeine weitere Gemeinsamkeit haben als die, daß sie die Weigerung zu lachen etwas aufgeblasen und abwegig erscheinen lassen.

Katermusik

Hierbei besteht die Gefahr darin, das Ziel allzu hoch zu stecken. Wie man sich vor alles überragenden Schreibtitanen hüten soll, macht man auch um Leute wie Mozart besser einen Bogen. Nehmen Sie einen, der nur überragend ist. Tschaikowsky wäre der beste Kauf in dieser Abteilung und seine Sechste Symphonie (die *Pathétique*) mein persönlicher Favorit. Nach einigen Rohrkrepierern gelingt es dem Komponisten im letzten Satz überzeugend, sein Ziel zu erreichen und auf eine erstaunlich unterhaltsame Weise allumfassende Verzweiflung zu erzeugen. Wenn sich der M. K. jemals vertonen ließe, dann so.

Alternativ, oder im Anschluß, sollte man Tschaikowskys Nachfolger Jean Sibelius auflegen. Sofort fällt einem *Der Schwan von Tuonela* ein, obwohl das Stück kurioserweise gern als Hintergrundmusik zur Verführung verwendet wird (in meiner Jugend zumindest war das noch so). Für unsere Zwecke ist meiner Ansicht nach ein anderes Werk desselben Komponisten noch besser geeignet, seine Vertonung von Maurice Maeterlincks *Pelleas und Melisande* nämlich, das man aber nicht mit Claude Debussys Oper gleichen Namens verwechseln sollte. Gerade im letzten Teil erreicht Sibelius ein etwas künstliches und übertriebenes Pathos, das Ihnen in Ihrem momentanen Zustand gerade recht kommen wird.

Wer Vokalmusik ertragen kann, dem sei die *Alt-Rhapsodie* von Johannes Brahms ans Herz gelegt – Nein, nicht weil darin auf dem Altsaxophon gespielt wird, Sie Bauer! Sie hören eine Altstimme mit Männerchor und großem Orchester. Es kann nur purer Zufall sein, daß die Liedzeilen, die einem – unter uns: eher beschissenen – Gedicht von Goethe, der »Harzreise im Winter« nämlich, entlehnt wurden, wie eine metaphorisch nur leicht verschleierte Schilderung des verkaterten Seins klingen. Es fängt an mit

»Aber abseits wer ist's?
Ins Gebüsch verliert sich sein Pfad,
Hinter ihm schlagen
Die Sträuche zusammen,
Das Gras steht wieder auf,
Die Öde verschlingt ihn.«

– und mündet in einem Bittgesang an Gott:

»Öffne den umwölkten Blick
Über die tausend Quellen
Neben dem Durstenden
In der Wüste.«

Der letzte Satz hat es in sich. Sie können sich einen großen Teil Ihrer verloren geglaubten Würde zurückerobern,
indem Sie sich einreden, selbst auch ein »Durstender in
der Wüste« zu sein. Dieses Stück bringt einen Stein zum
Erweichen, besonders einen, der noch ziemlich benebelt
ist. Wer von diesem Stück keine Aufnahme besitzt, sollte
nicht wagen zu behaupten, er liebe Musik. Die von Kath-
leen Ferrier Gesungene ist auch nach zwanzig Jahren
noch unübertroffen.

Dann sollen lebendigere und weniger introvertierte
Klänge zum Einsatz kommen, aber Obacht: Ziemlich
viel Zeug kommt auf den ersten Blick zwar so daher, hat
dann aber die fiese Eigenart, einem hinterrücks eins in
die emotionalen Weichteile zu verpassen. Ballettmusik
(Tschaikowsky ausgenommen) und die Ouvertüren seich-
ter Opern sind da ungefährlicher. Franz von Suppé ist

gut, falls Sie nichts dagegen haben, hier und dort an den Sportunterricht erinnert zu werden. Besser noch: das Trompetenkonzert von Joseph Haydn. Wer da nicht mitschnippst, ist schon tot.

Jazz ist nicht gut für Ihren M. K., und Pop könnte Ihnen den P. K. nur noch tiefer in die Knochen treiben. Wenn es Ihnen aber wirklich dreckig geht, dann versuchen Sie es mit irgendeinem der langsamen Stücke von Miles Davis. Es wird Sie darauf bringen, daß, egal wie düster das Leben auch sein mag – es kann unmöglich so düster sein, wie Davis es ausmalt. Außerdem ergibt sich eventuell die Möglichkeit, mit anzuhören, wie ein anderer Zuhörer Davis einfach nur Miles statt Davis nennt. Diese schicke Pseudovertraulichkeit prügelt Ihnen den Adrenalinpegel auf ein ordentliches Niveau, und indem Sie den Deppen zusammenschlagen, stellen Sie das verloren geglaubte Vertrauen in Ihre Manneskraft, Urwüchsigkeit et cetera wieder her.

Vorsicht ist geboten: Prüfen Sie sorgfältig, daß ja nicht Davis' zeitweiliger Bandkollege John Coltrane auf einem der zur Wahl stehenden Stücke Saxophon »spielt«. *Der* bringt es fertig, Ihnen weiszumachen, daß das Leben genauso billig, sinn- und bedeutungslos ist, wie es Ihnen momentan noch vorkommen will.

Wein erfreut das Leben, und das Geld gewährt dies alles. –
Ekklesiastes

Drei Arten des Frühstücks

Nach Winston Churchill
1 kalter Zigarrenstummel
1 Portwein

Nach Horatio Bottomley
1 geräucherter Hering
1 Tumbler Weinbrand mit Wasser

Nach Samuel Coleridge (nur sonntags)
6 Spiegeleier
1 Glas Laudanum* mit Selters

Ich habe [Whisky] nie gekostet, außer ein einziges Mal zur Probe in dem Wirtshaus zu Inverary ... Er war stark, aber nicht scharf ... Wie man mit dem Brennen und Abziehen verfährt, danach habe ich keine Gelegenheit gehabt, mich zu erkundigen; und ich möchte auch nicht gern die Kunst, Gift angenehm zu machen, in größere Aufnahme bringen. – SAMUEL JOHNSON

---

* Alkoholtinktur mit Opium

Die Trinkerdiät

Die vordringlichste und übrigens auch einzige Anforderung an eine Diät sollte es sein, daß Sie abnehmen können, *ohne dabei Ihren Alkoholkonsum auch nur um ein Deut reduzieren zu müssen.* Na ja, und unkompliziert sollte sie auch sein: weder Tabellen noch Schaubilder, keine Speisepläne oder Rezepte. Keines dieser kleinlichen Machwerke also, die meist damit enden – *enden,* wohlgemerkt, nachdem man Minuten damit verschwendet hat, sie durchzuackern –: »und, selbstverständlich: keinen Alkohol«, vorgebracht im einfältigen Ton des Bedauerns darüber, etwas so Sonnenklares überhaupt angesprochen zu haben. *Selbstverständlich? Keinen Alkohol?* Was glauben die eigentlich, wen sie da vor sich haben?

Mit dieser Diät habe ich in drei Monaten etwas über sechs Kilogramm abgenommen, oder besser, ich hätte es in drei Monaten schaffen können, wäre ich nicht öfter mal mit Currytöpfen und Obstkuchen rückfällig geworden. Ein solcher Gewichtsverlust über diese Zeit entspricht in etwa dem medizinisch Sinnvollen. Was mich daran erinnert, daß Sie Ihren Arzt konsultieren sollten, bevor Sie mit der Diät beginnen. Niemand, auch niemands Witwe, soll mich dafür verantwortlich machen können, einen gleichwie bedauerlichen Fall von Skorbut, Rachitis, Alkoholvergiftung, Zuckerkrankheit, Beriberi oder irgendeiner anderen Art von Krankheit, Leiden oder Gebrechen oder was auch immer verursacht zu haben.

Das Prinzip beruht auf **UG 10**: *Essen macht dick.*

Alle Diäten fangen damit an, daß Brot, Kartoffeln und Zucker für tabu erklärt werden. Meine geht einen Schritt weiter und verbietet auch noch Obst und Gemüse, jedenfalls fast. Aber denken Sie dran, denken Sie bloß daran, daß Sie weiter trinken dürfen. Hier ist

Ihr Speisezettel

Zum Frühstück eine ganze Grapefruit ohne Zucker, wenn es sein muß, mit Süßstoff. Tee oder Kaffee werden bei Bedarf ebenso versüßt. Ein gekochtes Ei nur dann, wenn Sie, Hand aufs Herz, einen anstrengenden Vormittag vor sich haben. Kein Brot, nicht einmal Toast – auch nicht die Rinde, die Ihre Frau gerade abgesäbelt hat. Fallen lassen. Sofort, habe ich gesagt!

Mittag- und Abendessen bestehen aus klaren Suppen, Eiern, Meeresbewohnern aller Art, Fleisch, Geflügel, Wild et cetera sowie Käse. Als Gewürze sind Senf und Worcester-Sauce erlaubt. Keine angedickten Saucen, nichts Eingelegtes. Tee oder Kaffee nach Belieben. Salzen Sie im übrigen, so viel Sie nur wollen. Manche Diäten verbieten Salz mit der Begründung, daß Salz den Körper veranlaßt, Wasser einzulagern, und Sie schwerer werden läßt. Das stimmt zwar, bleibt aber zu vernachlässigen, es sei denn, Sie sind so fett, daß ein paar zusätzliche Gramm Sie umbringen, sobald Sie aufstehen. Halten Sie außerdem Ihr Gewicht durch Blutspenden und regelmäßige Friseurbesuche in Schach.

Anmerkungen (i) Fragen Sie Ihren Apotheker nach einem Süßstoff, der mit etwas Zucker verschnitten ist. Ihren Geschmacksnerven zuliebe.

(ii) Entscheidend an Senf und Worcester-Sauce ist, daß Sie über die Kargheit der erlaubten Kost hinwegtäuschen, und außerdem regen sie den Darm an, was in Zeiten reduzierter Nahrungszufuhr den nötigen verdauungsfördernden Effekt beisteuert. Zwiebeln können dazu ebenfalls beitragen (allerdings sollte man die gebratenen eher meiden).

(iii) Ein weiterer Vorteil dieser Diät besteht darin, daß sie sich auch mühelos einhalten läßt, wenn Sie auswärts essen – Prüfstein jeder Diät. Wenn Sie aber keinen Wert darauf legen, den ganzen Abend mit den anderen über Ihre Gewichtsprobleme zu diskutieren, sollten Sie einfach behaupten, daß Ihre neue Abneigung gegen Gemüse, Obst, dicke Saucen und alles andere Ihnen vom Psychiater nahegelegt wurde oder mit Ihrer religiösen Bekehrung zusammenhängt. Auf beides möchten Sie natürlich jetzt nicht näher eingehen.

(iv) Ein weiterer Tip für den Restaurantbesuch: Bestellen Sie ein Gericht, das Sie entweder hassen oder aber von dem Sie wissen, daß es hier besonders schlecht zubereitet wird. Nach ein paar Gabeln leidiger »Hühnerbrust Kiew« oder »Bœuf Stroganoff« – zwei meiner Haßgerichtfavoriten – wird Ihnen der Appetit schon vergangen sein. Der Kellner soll Ihren Teller ruhig stehenlassen, während sich Ihre Begleitung Kuchen, Crêpes Suzette et cetera bestellt und so weiter.

Ihr Trinkzettel

Ein weitaus angenehmeres Thema. Obwohl Ihre Alkohol-
zufuhr wie versprochen um keinen Deut reduziert wird,
gibt es einige Getränke, denen Sie verstärkt zusprechen
sollten, während andere gemieden werden, wie aus fol-
gender Übersicht hervorgeht:

1. Weine und verstärkte Weine sollten so trocken wie
nur möglich sein. Egal, wieviel köstlicher er auch sein
mag: Ein Sauternes macht dicker als ein weißer Burgunder. Gleichsam Finger weg von Likören. Diese Taktik
wird auch Ihr Katerproblem abfedern.

2. Verzichten Sie auf alkoholfreie Zusätze, ausgenommen Wasser und Sprudel. Kalorienreduziertes Tonic Water mag besser zu Ihren Abnehmplänen passen als ein
handelsübliches, aber mir fehlt in diesem Bereich schlicht
die Erfahrung. Säfte, Tomatensaft ganz besonders, sind
schlimme Dickmacher.

3. Trinken Sie Diabetikerbier. Oder zumindest ein kalorienreduziertes; gut wäre, wenn Sie damit einige Ihrer
Aperitifs und Digestifs ersetzen könnten. Es gibt eine
ausgezeichnete Sorte, Diat Pils (was abgekürzt für Pils-
ner steht und nicht etwa für Pillen), das es manchmal
in Weinhandlungen und Supermärkten gibt, oder direkt
über Holsten Distributors Ltd, 63 Southwark Park Road,
London SE 16. Manche Trinkerspießer würden das Gebräu als künstlich, unecht et cetera kritisieren. Konsultieren Sie dazu UG 7 und hören Sie einfach weg. Diat
Pils ist angemessen alkoholgesättigt, von ansprechender
Farbe, mindestens so schmackhaft wie handelsübliches

Bier und zudem noch gesund: Immerhin bestätigt das die British Diabetic Association. Zwar ist es zugegebenermaßen nicht gerade billig, aber, wie ich finde, jeden Penny wert.

4. Die Alkoholforschung strotzt vor Schwachsinn. Da hat man beispielsweise herausgefunden, daß Alkohol den Körper gar nicht wirklich aufwärmt, sondern lediglich das Gefühl erzeugt, einem sei warm geworden – oha, verstehe; dann wird festgestellt, daß Alkohol nicht aufheiternd, sondern bedrückend wirkt, was bedeuten soll, daß er Eigenschaften wie Schüchternheit und Selbstzweifel unterdrückt und Sie sich darum wie aufgeheitert verhalten – ach, hören Sie doch auf! Ähnlich ist es um die Erkenntnis bestellt, daß Alkohol an sich gar nicht dick macht, sondern lediglich einen Prozeß in Gang setzt, an dessen Ende Sie mehr wiegen werden. Trotzdem wirkt sich hochdosierter Alkohol drastischer als irgendeine andere oral verabreichte Substanz – von Beton einmal abgesehen – auf Ihr Körpergewicht aus. Falls Sie es durchhalten können und Sie wirklich rasant in Form kommen wollen, oder es vielleicht einfach satt haben, Ihre Hosen im Liegen anzuziehen und nicht im Stehen, reduzieren Sie Ihren Schnapskonsum. Das hat zudem den Vorteil, daß Sie – kann ich es wagen, dies auszusprechen? – Ihrer Gesundheit einen Gefallen tun.

So mächtig war das Bier, so weh tat ihm das Herz,
Das Allheilmittel aus'm Krug vertrieb ihm bald den Schmerz.
CHARLES STUART CALVERLEY

Möglichst lange nüchtern bleiben

Eigentlich geht es hier um zwei verschiedene Themen – wie man auf einem Besäufnis nüchtern bleibt (oder zumindest einen nüchternen Eindruck bietet) –, und was zu beachten ist hinsichtlich des nächsten Morgens, aber in der Praxis kommt es zu vielfältigen Überschneidungen beider Felder, so daß ich sie unter derselben Überschrift abhandeln werde.

Der Lehrsatz *Einfach nicht hingehen* wird immer gerne zu Beginn solcher Gedankenspiele vorgebracht. Um die Fragestellung aber praktisch anzugehen: *Essen* ist ziemlich nützlich. Einerseits verzögert die aufgenommene Nahrung die Absorption des Alkohols (schafft es aber nicht, diese zu verhindern), andererseits wird das Essen auch Ihre Trinkquote senken, und zwar nicht nur, weil die meisten Menschen beim Kauen ihr Glas absetzen, sondern auch, weil der Appetit zur Abwechslung von etwas anderem als Alkohol gestillt wird: hungrig trinkt man einfach mehr. Einige behaupten, daß ölige Speisen die wirkungsvollsten Alkoholblocker sind, während andere davor warnen, eine bereits unter Alkoholeinfluß stehende Verdauung dadurch aus dem Takt zu bringen.

Viele Legenden ranken sich um den *Löffel voll Olivenöl oder Vollmilch*, den man vor einer Party zu sich nehmen soll. Tatsächlich wird dadurch die Aufnahme des Alkohols verzögert, aber irgendwann, wie schon erwähnt, kriegen Sie trotzdem alles ab. Egal, was kommt: Übertreiben Sie es nicht mit dem fettigen Vorspiel. Ein entfernter Bekannter, der durch übermäßiges Trinken vom

Weg abgekommen war, ließ einen Abend mal mit einem Tumbler Olivenöl an und spülte dann mit grob geschätzt zwölf Whiskys nach. Nachdem diese sich einige Stunden lang geduldig durch den Schleim, mit dem er seine Magenwände angeblich ausgekleidet hatte, gefressen hatten, hielten sie alle gleichzeitig Einzug in seine Blutbahn, woraufhin er in der Bar des Metropole-Hotels in Swansea zu Boden ging. Glücklicherweise aber erst, nachdem ich gegangen war. Diese Methode ist mit Vorsicht zu genießen. Auf umgekehrte Weise funktioniert sie aber tadellos: Während eines fettreichen Essens gibt es nichts Besseres als flott einen doppelten Weinbrand, der Ihre Magenwände abspritzt und Ihnen neue Kraft und Zuversicht gibt, den Rest der Mahlzeit zu bezwingen.

Die Drinks verdünnen klingt für viele nach einer guten Idee, außerdem könnte es quasi präventiv der zwangsläufigen Austrocknung durch Alkohol entgegenwirken, wodurch Sie sich am nächsten Morgen womöglich besser fühlen. Aber nochmals: Den Alkohol kriegen Sie trotzdem ab. Ebenfalls trügerisch ist die Behauptung (wenigstens ist das meine Erfahrung), daß man länger braucht, um einen mit viel Soda verdünnten doppelten Scotch auszutrinken, als für dasselbe Getränk mit wenig Wasser, was angeblich die absolute Menge des aufgenommenen Alkohols verringern soll. Im Gegenteil! Schnäpse mit ungefähr 40 Prozent Volumenalkohol – das entspricht der Stärke des üblicherweise ausgeschenkten Stoffs – sind im puren Zustand zu konzentriert, um vollständig vom Körper verarbeitet zu werden. Ein gewisser Anteil davon wird sich schließlich von Ihnen verabschieden, ohne

131

je wirklich zu Ihnen vorgedrungen zu sein. Nur wer einen Drink mit etwas weniger als derselben Menge Wasser verdünnt, bekommt den ganzen Alkohol ab. Das ist eine Weisheit, die den schottischen und irischen Trinkern seit zweihundert Jahren bekannt ist – ohne Zutun der Wissenschaft. In Wahrheit sollten also echte Suffköppe ihre Schnäpse *schön pur und ohne Eiswürfel* zu sich nehmen. Ein so mörderisches Verfahren, daß sie ihren Alkoholkonsum automatisch herunterfahren werden.

Ich überhöre so nutzlose Ratschläge wie den, *fett und hochgewachsen zu sein.* Zweifelsohne ist es wahr, daß der Grad der Trunkenheit abhängig ist von dem Verhältnis zwischen der Menge, die Sie trinken, und der Größe des Rahmens, den Sie damit füllen. Mit dem Ergebnis, daß große Männer unter sonst gleichen Bedingungen mehr vertragen als die kleinen. Die Bedingungen werden natürlich niemals gleich sein, aber daran läßt sich nicht viel ändern. *Nicht müde sein, nicht niedergeschmettert, nicht übermäßig erregt* – diese und eine Reihe anderer negativer Verfassungen helfen, die Widerstandskraft gegen den Alkohol zu kräftigen, aber leider Gottes lassen sie sich nicht willentlich heraufbeschwören. Mit einiger Bestimmtheit läßt sich allerdings dazu raten, besonders dann auf die Frequenz des eigenen Alkoholkonsums zu achten, wenn man sich ausgesprochen müde, niedergeschlagen et cetera fühlt. (Eigentlich aber lohnt sich das immer, denn x Drinks in y Minuten getrunken hauen deftiger ins Kontor als x Drinks in 2y Minuten.)

Kräfteverschleiß ist ein weiterer wichtiger Bestandteil des Katers. Alkohol setzt Energien frei oder, was leider schwer davon zu unterscheiden ist, gaukelt einem die Illusion von Energie vor, und unter diesem Einfluß hält man es stundenlang auf Partys aus, bricht vor Lachen zusammen, macht kräftezehrende Rollenspielchen, streitet sich auch gern ein bißchen und – Gott behüte – tanzt sogar. Dabei verbrennt man auch wieder ein wenig vom Alkohol, das stimmt schon, aber die Quittung bekommt man erst am Morgen danach. Ein Forscher soll einst zweimal die identische Menge eines Drinks angerührt und den ersten Krug während einer überschäumenden Party getrunken haben, den anderen wiederum einige Tage später daheim im Sessel mit einem guten Buch. Wobei er darauf achtete, beim Lesen dieselbe Menge Zigaretten zu rauchen und zur gleichen Zeit ins Bett zu gehen wie anderntags auf der Party. Das Ergebnis: Riesenkater respektive kein Kater. *Sich so oft wie möglich hinzusetzen* hilft also demnach, und auch, den *Verlockungen der Tanzfläche zu widerstehen.* Dies nur für den Fall, daß Sie einer von dieser Sorte sind.

Ein ebensowenig verblüffender Trick, den Kräfteverschleiß zu vermeiden, besteht darin, *rechtzeitig ins Bett zu finden.* Ich weiß, das ist leicht gesagt. Aber einfacher getan, wenn Sie sich einfach widerstandslos der einschläfernden Wirkung des Alkohols anheimgeben, was bedeutet: Finger weg von allen Stimulanzien, was bedeutet: *Finger weg von Kaffee.* Von jeder Art der Zubereitung, versteht sich – ob ohne oder mit Schuß. Mit Kaffeespezialitäten der letzteren Art, die Sie mit einer Hand stützen, während sie Ihnen mit der anderen einen verpassen, beschreiten Sie meiner Erfahrung nach den absehbarsten

Weg in ein fürchterliches Morgen. Ich wende mich hierbei vor allem an die Gastgeberinnen mit meiner Bitte, in Zukunft auf das Herumreichen des dampfenden Mitternachtstrunks zu verzichten, der eigentlich die Gesellschaft freundlich auf den Heimweg bringen soll, oft allerdings nur Anlaß zu neuem Gerede gibt, woraufhin dann die Scotch-Flasche aufs neue die Runde macht.

Bestimmte Dinge zu meiden muß hier leider mehr als ein Mal geraten werden. Fahren wir also fort: *Harte Sachen* zu *meiden* ist ebenfalls mehr als das überflüssige Beiwerk, das es zu sein scheint. Der Alkoholgehalt oder die Stärke eines Weines, Schnapses et cetera trifft nur eine unzuverlässig Aussage über seine Fähigkeiten, den Körper zu vergiften. Hierbei handelt es sich um ein nichtlineares Kräfteverhältnis, was, für alle, die etwas langsamer schalten, heißt: Die Linie im Schaubild Stärke versus Rausch verläuft nicht gerade. So steigt sie oberhalb der Alkoholkonzentration handelsüblicher Schnäpse von ungefähr 40 Prozent steil an, was beispielsweise Chartreuse grün, der mit etwa 55 Prozent verkauft wird, nicht etwa nur ein Drittel stärker macht als, sagen wir: Gin mit seinen 40 Prozent, sondern um ein Vielfaches stärker.

Einmal habe ich mir mit zwei Kumpanen eine Halbliterflasche beinahe reinen Alkohols (85 Prozent) aus Polen geteilt. Insgesamt habe ich dabei nur zwei Sätze von mir gegeben. Der erste lautete: »Hört auf zu lachen, soweit bin ich noch nicht«, der zweite, nur wenig später, war: »Ich glaube, ich geh' jetzt ins Bett.«

Dieser eindringlichen Warnung muß eine zweite nachgeschoben werden, die auf die *Vermeidung süßer Drinks* abzielt. Sie bereiten einem am nächsten Tag die Hölle auf Erden. Ich habe vergessen, warum sie das tun, aber wie es sich anfühlt, weiß ich noch genau. Seien Sie wenigstens beim Southern Comfort vorsichtig, einer köstlichen Mixtur aus altem Bourbon, Orangen und Pfirsichen, die es immerhin auf 37,5 Prozent bringt.

Was der Bauer nicht kennt, das trinkt er nicht, lautet mein letzter Rat. Dabei meine ich aber nicht nur, daß Sie sich von madagassischem Malagawein, Portwein aus Sankt Petersburg und ähnlichem fernhalten; es sei denn, Sie wollen einfach nur mal probieren und sind stocknüchtern. Ein Freund berichtete mir von einem Unteroffizier der schottischen Armee, der, gewohnt an eine Flasche Scotch pro Tag, bereits nach den ersten sechs Gläsern Tafelwein seines Lebens bewußtlos auf seinem Stuhl zusammensank. Auf meine Nachfrage hin, ob der Mann vielleicht nur simuliert habe, erzählte mir mein Freund, daß die Kameraden des Opfers sich auch noch schamlos über seinen reglosen Körper hinweg an dessen Freundin zu schaffen gemacht hatten – was die Frage eindeutig beantwortete. Mir kommt es vor – und wie immer, wenn es um Alkoholgenuß geht, kann es sich nur um eine rein subjektive Empfindung handeln –, als ob Körper und Geist eine Toleranz gegen die übliche Dosis Alkohol entwickeln; eine Art selbstgeschaffene Immunität. Man sollte diese Hypothese allerdings nicht allzu streng überprüfen.

Um dieses Thema abzurunden, muß ich wohl noch kurz auf die alte Regel zurückkommen, nach der *das Trinken von viel Wasser und das Einnehmen einer Aspirin oder/und eines Magenmittels vor dem Zubettgehen* wahre Wunder wirken soll. Die Regel ist wahrscheinlich genauso alt wie nutzlos, da sie sich zwar sehr vernünftig anhört, Sie aber am nächsten Morgen feststellen werden, daß Sie sich wieder einmal nicht an sie gehalten haben. Anders gesagt: Wer in solch angeschlagenem Zustand noch den erforderlichen Willen, die Energie und die Reflexionsfähigkeit dazu aufbringen kann, hat nicht den Zustand erreicht, in dem die beschriebenen Maßnahmen überhaupt nötig wären.

Nach all den Verboten und Entmutigungen möchte ich auch ein Körnchen – oder Schlückchen – Hoffnung beimischen: Ich bin ziemlich (jawohl, ziemlich) sicher, daß Mixgetränke weder betrunkener machen noch einem den nächsten Tag noch mehr versauen als die gleiche Menge Alkohol in unvermischter Dosierung. Nach drei Martinis und zwei Sherrys und zwei Gläsern Rheingauer und vier vom Burgunder und einem vom Sauternes und zwei Bordeaux und drei Gläschen Portwein und zwei Weinbrand und drei Whisky Soda und einem Bier werden die meisten Menschen anständig betrunken sein und einen schlimmen Kater bekommen. Aber liegt das nicht ausschließlich an der Menge? Ein Abend, an dem Sie viel trinken, läuft nicht anders ab, wenn Sie die Drinks mixen.

Wie dem auch sei – wenn Sie eine bessere Figur abgeben wollen, wenn Sie sich dazu auch noch besser fühlen wollen, gibt es nur eine einzige Methode: *Trinken Sie weniger.* Aber bitte fragen Sie nicht ausgerechnet mich, wie Sie das hinkriegen sollen.

Verübt ein Mensch eine Straftat unter dem, wie es fälschlicher-
weise bezeichnet wird, »Einfluß« von Alkohol, so müßte er, inso-
fern das möglich wäre, gleich doppelt bestraft werden – einmal
für seine Missetat und dann noch einmal dafür, daß er eine gute
Sache dazu mißbraucht hat, seine wahre Natur zu offenbaren. –
George Saintsbury

»Ein Standardwerk« Süddeutsche Zeitung

Kingsley Amis war nicht nur ein großer englischer Lite-
rat, sondern auch ein Meister in der Kunst des Trinkens.
Er schöpfte aus langjähriger Erfahrung, als er 1972 das
Handbuch ANSTÄNDIG TRINKEN verfasste und damit
eine witzige und höchst informative Anleitung für Profis
und Laien schuf, die bei allem Vergnügen die praktischen
und ökonomischen Aspekte des Trinkens nicht vergisst.
Denn: zünftige Drinks zu servieren ist ein Handwerk besonderer Art.

Kingsley Amis, geboren 1922 in London, besuchte die
City of London School und das St. John's College, Ox-
ford. Nach seinem Debüt *Lucky Jim* (1954) verfasste er
mehr als zwanzig Romane. Außerdem schrieb er über Po-
litik, Erziehung, Sprache, Film, Fernsehen, Restaurants
und das Trinken. Kingsley Amis wurde 1990 zum Ritter
geschlagen. Er starb 1995.

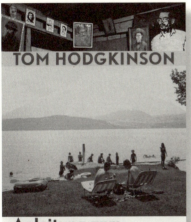